AF326631

VERÓNICA AVILÉS

VERÓNICA AVILÉS

ELLA COMPRA

CÓMO VENDERLE AL COMPRADOR #1 DEL MUNDO

100% EFECTIVO
100% PRÁCTICO

ELLA COMPRA
Cómo venderle al comprador #1 del mundo: la mujer

©2025 Verónica Avilés
Impreso en los Estados Unidos de América.

Hardcover ISBN: 978-1-956625-77-6
Paperback ISBN: 978-1-956625-76-9
eBook ISBN: 978-1-956625-78-3

Editado por Henry Tejada
Publicado por Página Azul
2071 NW 112 AV Suite 103
Miami, FL 33172

www.veronicaaviles.com
info@veronicaaviles.com

Sigue a Verónica Avilés en:
www.youtube.com/VeronicaAviles
Facebook: veronicaavilessm
Instagram: @veronica_avilessm
TikTok: veronica_aviles

CONTENIDO

DEDICATORIA

A la mujer que, sin saber leer ni escribir, escribió
con su vida una historia de valentía.

A quien con manos cansadas y alma firme, formó
generaciones de mujeres fuertes, seguras y soñadoras.

A la que nunca tuvo mucho, pero lo dio todo.

A la que vendía lo que fuera, trabajaba sin quejarse,
amaba sin condiciones y lideraba sin saber que lo hacía.

La que fue y siempre será bienvenida.

Este libro es para ella.

Porque su legado vive en cada mujer que
se atreve, que construye, que cree.

Porque su esfuerzo floreció, y yo
soy parte de esa cosecha.

Gracias por darme tus valores, tu fuerza,
tu cumpleaños... y tu esencia.

A ti, abuela. Gracias.

AGRADECIMIENTOS

Este libro, lo tienes en tus manos gracias a…

Dios, sin Él nada, con Él todo es posible.

Mi equipo editorial: por su confianza, talento y entrega.

Mi familia: por su sacrificio, paciencia,
compañía y motivación diaria.

Mis amigos: por su complicidad y diversión.

Mi comunidad: sin ustedes, no hubiesen
razones para crear esto.

¡GRACIAS!

INTRODUCCIÓN

¿Por qué no lo había hecho antes? ¿Por qué me tomó tanto tiempo crearlo? Son las preguntas que continuamente me hice cuando decidí ayudar a mi comunidad a venderle y ofrecerle productos y servicios al comprador #1 del mundo. En *La magia de reinventarte* te conté mi historia, en *Crea tu tienda online* te mostré lo maravilloso que es tener un negocio *online* y cómo crearlo; y en *Lo que no me dijeron de emprender* te detallé con honestidad las realidades que vivo como empresaria junto a las soluciones para que puedas disfrutar en lo que emprendes.

Sin embargo, siempre tengo el deseo ardiente de crear nuevos proyectos que puedan ayudar a vender y ganar más. Un domingo me encontraba en la iglesia y el pastor comenzó a orar por la creatividad y el desarrollo de proyectos. Afirmaba y clamaba para que soñáramos como un niño, refiriéndose a que las personas tuvieran ansias de visualizar, para crear y alcanzar nuevas cosas. Mientras oraba, le pregunté a Dios ¿qué otra cosa puedo crear? ¿Qué podría necesitar mi audiencia?

Mientras soñaba, recordaba mis eventos y veía mujeres. Entré a mis redes sociales, miré mi mensajería privada de

Instagram y noté que de 100 mensajes, 95 eran de mujeres. En estos años de emprendimiento como educadora, el 80 % de mi audiencia en eventos y programas educativos, fueron mujeres. Mis redes sociales, actualmente, impactan millones de personas al mes (según las estadísticas) y el 90 % de mi audiencia son mujeres. Mis casos de éxito, mis comentarios en publicaciones, la audiencia que más me ha apoyado, han sido mujeres.

Así que simplemente tomé una hoja en mi escritorio y escribí la palabra MUJER.

Al día siguiente, llegué a mi oficina y vi la nota que había dejado el día anterior: mujer. Y pensé: "Verónica tú nunca has sido una mujer *girly*…ni se te ocurra hacer una clase/proyecto solo para mujeres". Me gradué en el colegio rodeada de hombres; mis mejores amigos eran hombres. Estudié ingeniería rodeada de hombres y, como decimos en Puerto Rico, toqué el *field* (es decir, salí al terreno, a hacer trabajo de campo) en la agencia de gobierno donde ejercía como ingeniera junto a grandes líderes hombres.

Y pensé (lo vi como un mensaje de parte de Dios)… "¿Por qué no devuelves con gracia lo que por tantos años has recibido? ¿Por qué no ayudar a la audiencia que te ha llevado hasta donde estás? Las próximas preguntas fueron ¿qué necesita *ella*? ¿Qué quiere aprender, construir, lanzar, aplicar? Un negocio *online* de qué o para quién… Caminé hasta mi librero donde tengo cientos de títulos, comencé a mirar, e iba seleccionando algunos.

Abría la primera hoja de cada uno —donde acostumbro a escribir la fecha en que comenzaba leerlos—, y unos eran del año 2017 y otros más recientes; entonces noté que desde hacen muchos años estoy leyendo sobre un área en particular: cómo las personas compran, cómo la mujer compra, cómo piensa ella al momento de hacer una transacción económica, ¿lo hace por placer o por responsabilidad? ¿Para quiénes lo hace? ¿Cuál es el impacto que tienen las decisiones que toman las mujeres al momento de elegir productos o servicios?

SheCommerce

Regresé a la hoja del escritorio y comencé a hacer notas por doquier. Pensé "no es solo ayudar a la mujer a hacer su negocio *online*, es saber cómo venderle al comprador que mueve la economía en el mundo. Vuelvo a mi escritorio y escribo la palabra *She* (ella), y la palabra *e-commerce*, luego seguí jugando hasta que nació *She-Commerce*. Pensé en el comercio electrónico dirigido a la mujer. El Espacio para enseñarle a la mujer que está lista para desarrollar su negocio *online*; pero, sobre todo, conociendo que si quiere asegurar éxito desde el día uno, le debe vender a ella.

Y, de momento, salieron más preguntas: pero... ¿a qué mujer voy a instruir? Durante estos años como educadora he visto de todo. Está la mujer que por tantas responsabilidades que tiene en su día a día, es decir sus hijos, el hogar, actividades extracurriculares y el empleo, piensan que no tienen el tiempo para poder hacerlo. Esta la mujer que lo quiere lograr, pero no sabe cómo hacerlo, cómo comenzar... ¿Qué necesita para poder lograrlo? También está la mujer que sabe que necesita ayuda, pero no quiere recibirla por temor, o por ego, o porque piensa que no es capaz de lograrlo, o por lo que ha escuchado (o le han dictado) en la sociedad.

Han sido múltiples las excusas a las que diariamente las mujeres nos sometemos para no lograr aquello que siempre hemos querido. No me malinterpretes, yo puedo comprenderte si lo vives en estos momentos. Nuestra realidad es que asumimos la mayor responsabilidad en el hogar. Vivimos en unos tiempos donde nos toca trabajar, a algunas les toca levantar todo un hogar solas; y en otros casos, aun teniendo pareja, la mayor carga del hogar nos toca a nosotras. Es nuestra realidad.

Sin embargo, la mujer vive ahora la mejor era. No es la mujer de antes. Ya no espera que le digan qué hacer. Ya no necesita permiso para decidir. Ahora la mujer tiene acceso a las herramientas para tener independencia económica: educación, redes y plataformas. La mujer emprende, compra, invierte, lanza negocios, lidera hogares y transforma realidades.

Y lancé mi primer evento *online SheCommerce* en USA y Puerto Rico. Para mi sorpresa, con solo 10 días de anunciarlo, más de 700 mujeres asistieron a este evento. La cantidad de comentarios que aparecían era una locura. Las mujeres estaban contentas, listas para aprender algo diferente y refrescante. No solo llevé lo estratégico, lo técnico; sino que trabajé y hablé con ellas desde el aspecto mental y emocional.

Porque la mujer no solo está carente de herramientas, le falta motivación e inspiración, pero también debe entender que no está sola en esto, que son muchas las que se sienten igual que ellas, pero todas tenemos el potencial de construir. En el mundo vemos el "women support women", pero aún nos falta entender que hay oportunidades para todas, que colaborando ganamos más.

Entonces, al ver este impacto en múltiples eventos, miles de mujeres transformadas (y algunos hombres que participaron), y una muy buena retroalimentación por parte de las asistentes (tanto *online* como presencial) decidí realizar este libro, para que te acompañe donde quiera que vayas.

¡Tienes la capacidad de entender al comprador número uno del mundo!

No sé por qué tienes este libro en tus manos. No sé cuál de las mujeres que mencioné anteriormente eres, ni lo que vives en estos momentos. No sé cuáles son tus responsabilidades. No sé si estas casada y tienes un hogar o si eres soltera y quieres buscar cómo generar ingresos mientras viajas el mundo. Quizá eres una dueña de negocio que ahora desea vender sus productos o servicios alrededor del mundo; una empresaria agotada que está buscando otra forma más flexible de generar ingresos, o una empleada a tiempo completo que quiere y ya está lista para liberarse de la maquinita que marca tu entrada y tu salida...

Lo único que sé es que estás aquí porque estas segura de que hay espacio para ti, reconoces que tienes el potencial y sabes que no hay nadie como nosotras, las mujeres, que podemos entender las necesidades, frustraciones e intereses que tiene el comprador #1 del mundo: las mujeres.

Aquí necesito hacer una aclaración. Este libro, ni el evento de *SheCommerce* o *Ella compra*, solo le da participación a la mujer. La realidad es que toda persona que comprenda el impacto que tiene la mujer en el mundo en estos momentos, y quiera tener grandes resultados en sus negocios... debe saber qué ofrecerle y cómo venderle a la mujer. Si hay un hombre que está leyendo este libro, bienvenido, te felicito, y gracias por reconocer que venderle y tomar en consideración a la mujer es importante para cualquier tipo de negocio.

Ella compra es un libro superúnico, donde te voy a mostrar por qué estás a tiempo para ser parte de esta industria; pero, sobre todo, conocerás cómo venderle y qué venderle al comprador número uno del mundo: nosotras las mujeres. Esto te lo voy a enseñar de una forma simple, donde todos podamos ganar, donde todos podamos ser diferentes, donde todos tendremos nuestro factor diferencial; donde podrás comenzar a vender por internet con o sin inventario.

Te llevaré en un orden específico para que puedas planificar, crear y lanzar un negocio *online* que le dé la bienvenida y confianza a esa mujer que quiera comprar para ella o para los suyos. También te mostraré cómo captar su atención ante tantas publicaciones en redes, cómo hacer que entre a tu plataforma de venta, qué espera ella en cada etapa de su proceso de compra, cómo piensa al momento de colocar un producto en su carrito y qué espera de nosotros como marca al completar su orden.

Aprenderás cómo piensa ella al momento de comprar, qué toma en consideración, con quién y cómo desea conectar, cómo le gusta y qué le gusta comprar, qué espera de las marcas que usa y cuál es el futuro que nos espera. De esta manera no solo venderás y crecerás... también llegarás al corazón de la mujer, cubrirás sus necesidades y tendrás los códigos para venderle con total efectividad.

Desde hace mucho años le he dicho a mi comunidad en redes sociales que si el *e-commerce* tuviera género, definitivamente sería mujer, y en los próximos capítulos te demostraré el porqué.

POR QUÉ DEBES VENDERLE A LA MUJER

- Por qué la mujer es la compradora más influyente del mundo.

- Cómo sus decisiones de compra afectan hogares, familias y empresas.

- La diferencia entre ser "consumidora" y ser "embajadora" de una marca.

- Qué nos enseña la historia de NYX sobre construir comunidad femenina.

- Cómo empezar a vender con intención a la compradora número uno: ella.

La mujer no solo compra: decide,

influye y transforma economías enteras.

Cada día, millones de decisiones de

compra pasan por sus manos, su

corazón y su visión del mundo. Quien

entiende esto no solo vende más: crea

impacto, construye confianza y deja

huella en la vida de las personas.

Me encontraba en un seminario, y un conferencista lanza la broma: "Hombre, cuando tu mujer esté inquieta, simplemente dale la tarjeta de crédito y que se vaya a comprar. No le digas cuánto puede gastar, ni le preguntes qué va a comprar. Si quieres ser feliz, simplemente entrégale la tarjeta". La multitud en esa sala se reía; y aunque entendí que era una broma, como empresaria y educadora de tantas mujeres, me fue imposible sentirme incómoda. Diariamente veo mujeres saliendo de su zona de comodidad, identificando sus habilidades, construyendo desde cero un negocio por internet, educándose en cursos, seminarios, leyendo libros....

En aquel momento lo único que pensé fue: "¿Aún estamos con estos chistes? ¡Qué lejos de la realidad!". Muchos de nosotros hemos escuchado esta frase de distintas formas, dando a entender que comprar hace feliz a la mujer, la tranquiliza y la distrae; pero el mensaje también implica que su pareja es quien debe proveer para que esto sea posible. Y estos comentarios no solo se escuchan por parte de los hombres, sino también por las mujeres.

LA MUJER HA TOMADO LA INICIATIVA COMERCIAL

Este libro no trata sobre una competencia de géneros, muchos menos está hecho para que el hombre se sienta atacado. De hecho, me parece muy bien que el hombre provea para su hogar y su pareja. Creo que una de las mejores muestras de protección y responsabilidad en un hogar es la provisión en todos los aspectos, incluyendo el económico. Sin embargo, debemos ser responsables con el hecho de que el mundo cambia todos los días. El nuevo estilo de vida, las situaciones que ocurren en el mundo, las nuevas necesidades y el despertar de grandes oportunidades han provocado que muchas mujeres tomen la iniciativa de desarrollar y producir.

Hay mujeres que aman ser amas de casa, cuidar a sus niños y atender a su hogar. Otras han decidido de desarrollarse profesionalmente, pero junto con la responsabilidad de trabajar o desarrollar un negocio, por un gusto personal o por necesidad. Debemos admitir que la tarjeta de crédito ya es cosa del pasado, porque el mundo grita diariamente que cada vez más las mujeres están siendo autosuficientes para crear, construir, ganar y comprar lo que quieran, cuando quieran y como quieran.

Las mujeres estamos en el mejor momento en el mundo, en la era donde nosotras estamos haciendo lo que queremos. La cantidad de mujeres que se están levantando y desarrollando su negocio *online*, es maravilloso. No importa las responsabilidades que como mujeres tengamos. Aun siendo esposa, madre, cuidadora de sus padres, y con un empleo de 8:00 a. m. a 5:00 p. m… lo hemos hecho posible. Estamos en el mejor momento para venderle a la mujer.

> La cantidad de mujeres que se están levantando y desarrollando su negocio online, es maravilloso.

Quizá me digas "¿por qué dices eso?". Te respondo: el 65 % de las compras en los Estados Unidos, son realizadas por una mujer.[1] ¡Esto es más de la mitad de las compras que se realizan en una potencia económica mundial! ¿Puedes comprender el impacto y la importancia que somos en la economía del mundo?

LA PODEROSA INFLUENCIA DE LA MUJER

Pero esto no se queda aquí, ahora es que viene lo bueno... el 80 % de las compras en los Estados Unidos, incluyendo Puerto Rico, son influenciadas por una mujer.[2] O sea que hasta cuando no compramos, nuestra opinión influye en las decisiones de quien sí lo está haciendo. Cuando mi esposo es el que está de compras, antes de tomar una decisión normalmente me hace una llamada. Ya sea para explicarme lo que está a punto de comprar, para que lo ayude a decidir sobre el color o tamaño; o para que le dé mi opinión acerca de si es necesario o no comprar ese producto en ese momento. El "yo que tú haría esto", o "yo escogería este", le da la seguridad de tomar una buena decisión.

Quiero que pienses en estos momentos, cuántas personas —ya sea tu mamá, pareja, hijo, o hermana— te llaman antes de comprar algo para que seas tú quien los

1. Capital One Shopping Research. (2024). *Male vs. Female Spending Statistics. FinanceBuzz.* Recuperado el 11 de noviembre de 2025, de https://financebuzz.com/male-vs-female-spending-statistics.
2. CivicScience. (2023). *How brand values and women-owned businesses influence women's consumer choices.* Recuperado el 11 de noviembre de 2025, de https://civicscience.com/how-brand-values-and-women-owned-businesses-influence-womens-consumer-choices/

motive o detenga ante una compra. Tú sabes que es real. Es gracioso escribirlo, pero si no compramos, mandamos. Si no compramos, damos la instrucción. Si no compramos, damos nuestra opinión.

¿Estás entendiendo? Compramos siempre. ¡Una locura! Y si eres mujer, y analizas como son tus días, te reirás porque sabes que es verdad. Ahora mismo, mientras escribo este capítulo, acabo de ordenar comida para mi hijo por Uber Eats. Luego, para distraerme, salgo a comprar plantas; voy a la farmacia a comprar algunas cosas básicas, aprovecho y echo gasolina para mi auto, y posiblemente voy a la tiendita de la esquina a buscar verduras para la cena de esta noche.

Es la verdad. Cuando yo vi y estudié estas estadísticas pude ver de frente la realidad y la gran oportunidad que tenemos en estos momentos para generar ingresos vendiéndole productos a quienes tú y yo conocemos por excelencia: las mujeres. Si no lo hacemos tú y yo; lo hará alguien más. ¡Qué bueno que estás aquí para aprender cómo hacerlo!

Las mujeres, tenemos algo muy peculiar, y es que prestamos mucha atención a lo que usan otros. Quizá a un hombre no le importa la camisa que se puso su amigo o la cera que utiliza para darle brillo a su cabello; pero nosotras vamos a un "brunch", vemos a unas amiga con un vestido espectacular y de inmediato… "¡Wao! ¡Qué bello tu vestido! ¿De dónde es?".

Tú no ves a un hombre diciéndole a otro hombre "¡wao, qué bello te ves, me encanta tu camisa! ¡Me gusta tu gorra!".

¡Eso no pasa con ellos! En cambio, nosotras siempre estamos atentas a los detalles: "¡Ay! ¿Qué usas para tu cara! ¡Qué bello! ¡Me fascina!", ¿no es verdad? Siempre atentas a lo lindo, a lo exquisito, a lo moderno, a lo que está en tendencia, para no quedarnos atrás.

Las mujeres, mayormente, son las encargadas de decorar el hogar. Coordinar las actividades, preparar o comprar los regalos de madres, padres, Navidad, entre otras fechas festivas. No es muy normal o corriente ver a tu padre, pareja o hermano ocupado en pensar cuál será el regalo de su suegra para el Día de la Madre ¿cierto?

Cuando llega el otoño (o depende del país en que te encuentres), probablemente estás pensando en los cambios que le harás al hogar, la comida que se preparará para el día de Acción de Gracias, los regalitos que se entregarán, entre otros detalles. Insisto, no es una guerra de géneros, también sé que existen hogares (como el mío) donde tenemos hombres bien presentes que dan su opinión sobre gustos en el hogar, cocinan, cuidan niños, entre otras cosas. Estamos hablando sobre promedios, lo que mayormente, y por naturaleza, ocurre en un hogar.

Las mujeres piden ayuda para ahorrar tiempo. De hecho, para nosotras es un acto inteligente. "Time is money"... Mientras más rápido lo haga, más tiempo tengo para hacer mil cosas más. Para el hombre pedir ayuda puede ser debilidad. No es su culpa; por muchos años al hombre se le ha impedido hasta llorar, demostrar sus sentimientos. Se les ha dicho tienes que ser fuerte, autosuficientes y el "macho alfa".

De hecho, según la OMS (Organización Mundial de la Salud) indican que las mujeres son diagnosticadas con depresión el doble de veces que los hombres;[3] pero es porque ellas tienden a buscar más ayuda frecuentemente mediante terapias y medicación. Suelen expresar emocionalmente su sufrimiento, lo que lleva a más diagnósticos. Mientras que los hombres, mueren por suicidio 3 a 4 veces más que las mujeres porque no piden ayuda.

PREGUNTAMOS, RECOMENDAMOS, DAMOS SEGUIMIENTO…

Me ha pasado que estoy en otro país con mi esposo, y cuando el GPS no es muy preciso, lo veo dando vueltas. Mi reacción siempre es "detente ahí, preguntemos cómo llegar". La mujer quiere recibir ayuda al momento de tomar decisiones, y está dispuesta a recibirla. Hace preguntas, busca información, quiere orientarse para comprar de una forma segura. El hombre, con tal de no preguntar, deja muchas compras sin completar.

A mí me escriben hasta en las redes sociales: "Vero, qué lindo tu vestido, ¿de dónde es?". Y yo, sin dudarlo, comparto el lugar. Si observamos que una amiga o familiar está pasando por un problema y nosotros conocemos la solución, tenemos las ganas de compartirlo y recomendar lo que nos ha funcionado.

---

3. Organización Mundial de la Salud. (2023). *Depression. World Health Organization*. Recuperado el 11 de noviembre de 2025, de https://www.who.int/news-room/fact-sheets/detail/depression

De hecho, no solo recomendamos, damos seguimiento. Una mujer recomienda un producto, envía el enlace donde otra persona puede conseguirlo, y luego le pregunta si logró comprarlo. Pero esto va más allá, al tiempo vuelve a contactarse para preguntar qué le ha parecido el producto y cuáles han sido los resultados. ¿Esta eres tú?

La mujer es consumidora y compradora. Ambas funciones las aplica muy bien. No solo compra lo que consume, sino también compra lo que consumen otros. Una mujer comprará autos, tecnología, herramientas, viviendas, seguros, juguetes, entre otras cosas. Las mujeres son quienes estás más activas en las redes sociales. Del 17 % al 20 % de las ventas que se realizan por internet a nivel mundial, son hechas por plataformas sociales.[4]

Las ventas por medio de las redes sociales, o "social commerce", como se le conoce, es la práctica de comprar y vender productos directamente a través de redes sociales como Instagram, Facebook, TikTok, Pinterest o WhatsApp, integrando todo el proceso de compra, desde el descubrimiento hasta el pago, dentro de la misma plataforma. Así es que concluimos que la mujer está donde se hacen negocios. Las mujeres no solo consumen contenido, lo difunden, amplifican y recomiendan.

La mujer de la actualidad está preparada. Según un estudio que hizo Boston Consulting Group, se espera que en 2030, las mujeres controlen el 66 % de la riqueza

---

4. Stanley, H., & Keenan, M. (2025, 30 marzo). *What is social commerce? Trends and key insights for 2025*. Shopify Enterprise. Recuperado el 11 de noviembre de 2025, de https://www.shopify.com/enterprise/blog/social-commerce-trends

personal en Estados Unidos.[5] ¡Esto es fascinante! Las mujeres están asumiendo más roles decisivos en negocios, inversiones y liderazgo financiero. Deciden más, piden menos permiso. Ya no dependen del visto bueno de una pareja, padre o jefe. Su autonomía financiera las convierte en consumidoras más exigentes, informadas y selectivas. Y es por eso que buscan marcas que respeten el tiempo, el dinero y la inteligencia, algo que también hablaremos más adelante durante este libro.

Global Entrepreneurship Monitor indica que las mujeres representan casi el 50 % de los nuevos emprendedores en América Latina y un 30-40 % en otras regiones del mundo.[6] Venderle a la mujer no solo es una oportunidad de negocio, es una estrategia inteligente, rentable y necesaria. Quien iba a decir que para estos tiempos, el género que fue "detenido" por muchos años, quien tuvo que luchar (y aún lo ha tenido que hacer) por sus derechos, salarios, libertad… ahora es quien mueve la economía del mundo. Impresionante, ¿verdad?

Hoy la mujer no solo compra: decide, lidera, invierte y transforma economías enteras con su influencia. Su poder económico ya no es una promesa futura, es una realidad presente que ninguna marca puede darse el lujo de ignorar. Cada vez que una mujer elige, lo hace desde

---

5. Boston Consulting Group. (2020). *Women want more (in financial services): How banks can capture the multi-trillion-dollar female economy.* Recuperado el 11 de noviembre de 2025, de https://www.bcg.com

6. Global Entrepreneurship Monitor. (2021). *Women's entrepreneurship: Challenging bias and stereotypes.* London Business School & Babson College. Disponible en https://www.gemconsortium.org

su autonomía, desde su experiencia y desde un criterio que exige respeto y conexión real.

> Hoy la mujer no solo compra: decide, lidera, invierte y transforma economías enteras con su influencia.

Venderle a la mujer no es simplemente una estrategia comercial: es reconocer el cambio de era en el consumo global. Entender su valor, hablarle con honestidad y diseñar con ella en mente es la clave para crecer en un mercado donde su voz y su decisión ya no se cuestionan: se siguen. Así es que... ¿qué tal si comenzamos? Quiero que tu tienda *online* diga *Ella compra*. Si aprendes a venderle a ella, sabrás venderle al mundo.

HISTORIA INSPIRADORA #1

NYX COSMETICS

Toni Ko: de soñadora a líder en maquillaje accesible

Toni Ko[7] es un ejemplo brillante de cómo una mujer puede transformar una inquietud personal en una marca de renombre internacional. Nacida en Corea del Sur y criada en Los Ángeles, Toni creció con una pasión por el maquillaje y un fuerte deseo de crear algo propio. En 1999, con un préstamo de aproximadamente $250 000 de su madre y un sueño claro, fundó NYX Cosmetics, con una misión contundente desde el inicio: "hacer productos de calidad de salón con precios accesibles".

El primer lanzamiento de NYX fue modesto —seis delineadores de ojos y doce labiales— con un precio de solo $1.99. Aun así, la respuesta fue inmediata: en menos de un mes se agotó todo el inventario. Ese fue el primer indicio de que Toni había descubierto algo importante: las consumidoras querían calidad y estilo, sin pagar precios elevados.

Desde su tienda *online*, Toni apostó por un marketing basado en la comunidad y en el contenido generado

---

7. Wikipedia. (s. f.). *Toni Ko.* En *Wikipedia, The Free Encyclopedia.* Recuperado el 30 de junio de 2025, de https://en.wikipedia.org/wiki/Toni_Ko

por usuarias reales. Aprovechó el boom de los *vloggers* de belleza en YouTube, enviando productos a creadoras emergentes que mostraban tutoriales reales sin filtros. Esa decisión estratégicamente alineada con las tendencias digitales impulsó a NYX desde un nicho a un fenómeno global, atrayendo la atención tanto de consumidoras jóvenes como de expertas en maquillaje.

En 2014, L'Oréal compró NYX por aproximadamente $500 millones,[8] un testimonio del éxito de Toni. Pero ella no se detuvo: fundó Butter Ventures, una firma de inversión enfocada en apoyar a empresas lideradas por mujeres, y creó aceleradoras de belleza. Su mensaje resuena: *"Hazlo con pasión, sin miedo, para ti"*.

---

8.   O'Connor, C. (2016, 1 de junio). Banking on beauty: How Toni Ko built NYX Cosmetics into a $500 million brand. *Forbes.* Recuperado el 11 de noviembre de 2025, de https://www.forbes.com/sites/clareoconnor/2016/06/01/toni-ko-nyxcosmeticslorealsalerichestwomen/

CREA UN NEGOCIO *ONLINE* PARA ELLA

¡DESCUBRE LA RIQUEZA
DE ESTE CAPÍTULO...!

- Cómo transformar una idea en un negocio *online* con propósito.

- Por qué definir tu identidad de marca es el primer paso para atraer a la mujer correcta.

- Cómo conectar emocionalmente con tu compradora y hablarle en su propio lenguaje.

- Las claves para diseñar una experiencia digital que refleje tus valores y tu esencia.

- Qué decisiones estratégicas debes tomar antes de lanzar tu tienda *online*.

Emprender no comienza con una venta, sino con una visión. Toda marca exitosa nació primero en la mente y el corazón de quien creyó que podía hacerlo diferente. Planificar no es limitar tus sueños: es darles dirección, estructura y propósito para que puedan volverse realidad.

Déjame insistir en una idea: el que no planifica, planifica fracasar. En el libro *Crea tu Tienda Online* te mencioné la importancia de tener muy claro desde el comienzo qué quieres lograr y hacia dónde quieres ir. Sin embargo, cuando hablamos desde el aspecto de venderle a la mujer, nos enfocaremos en qué quieres lograr y cómo serás diferente.

Para la mujer, la conexión que sentirá hacia la marca será un componente bien importante no solo para comprar y querer hacerse parte como consumidora, sino para convertirse en fanático-promotor.

También expliqué que el fanático-promotor es aquel que llega a un nivel donde es él quien te ayuda a crecer. Este tipo de comprador se encarga de comprarte tan pronto lanzas algo nuevo y te ayuda a escalar tus resultados, recomendando tus productos a otros.

Cuando hablamos de conexión de marca, me refiero a incluir en tu negocio *online* la misión, visión, ética de trabajo y, sobre todo, los valores de tu marca. Somos algunas las mujeres que compraremos bajo impulso: lo quiero, lo compro. Otras comprarán porque lo necesitan. Pero otras comprarán simplemente porque tienen una conexión contigo.

Tengo claro que son muchos los buenos educadores en Internet que hablan sobre *e-commerce* y mercadeo digital; pero también estoy bien consciente de que son muchas las personas que conectan conmigo por mi historia, valores, personalidad, la manera en la que me expreso, el método de enseñanza y esas otras cualidades que nadie puede copiar.

Cuando voy a dar mis eventos presenciales u *online* de *SheCommerce*, lo primero que les digo es: "Hoy ustedes saldrán diferentes. Hoy quiero cambiarles la mentalidad del 'si hay otra mujer vendiendo lo que quiero vender, no lo haré'; o peor aún 'no quiero comenzar porque siento que el mercado está saturado'". Mi enfoque en mis eventos es mostrarle a las asistentes que todas tenemos la gran oportunidad de venderle al comprador número uno del mundo. Y soy bien enfática con esto, porque uno de los problemas que tenemos las mujeres al momento de emprender este tipo de negocio es la búsqueda de excusas para no comenzar.

Aquí tienes un dato que seguramente te interesará: de los más de ocho mil millones de habitantes en el planeta, apenas alrededor del 0.35 % participa activamente en el comercio electrónico como vendedor o propietario de tienda en línea, según estimaciones basadas en el número global de negocios de *e-commerce* frente a la población mundial.[9] ¡Así que no más excusas, tendrás muchas oportunidades!

La realidad es que durante estos años como educadora, han sido múltiples los casos de mujeres que tienen ideas bien claras, que saben que "x" nicho es lo que les

---

9.   United Nations, Department of Economic and Social Affairs. (2024). *World population prospects 2024* (28th ed.). Recuperado el 11 de noviembre de 2025, de https:// population.un.org/wpp ; Jovanovic, S. (2025, junio). *How many e-commerce businesses are there in 2025. LinkMyBooks.* . Recuperado el 11 de noviembre de 2025, de https://linkmybooks.com/blog/how-many-ecommerce-businesses-are-there

llama la atención (maquillaje, accesorios, ropa, etc.), pero que no comienzan porque "otras mujeres lo están haciendo". Es en este punto donde desde el comienzo determinamos qué nos hará diferente a los demás. Cuáles serán las cualidades y características que como marca voy a resaltar. Necesito que entiendas, seas hombre o mujer, que en el *e-commerce* todos lo podemos hacer, todos lo podemos lograr, y que todos podremos ganar porque cada una tiene su factor diferencial en su misión, visión y, sobre todo, en valores.

Aclarado esto, a continuación, quiero presentarte siete preguntas que debes saber responder para planificar un negocio *online* que muestre una propuesta diferente y atractiva para ella.

1. **¿Cuál será tu identidad como marca? ¿Cuál será tu factor diferencial?**

   Cuando hablamos de identidad de marca nos referimos al conjunto de elementos visibles y emocionales que una empresa utiliza para representarse a sí misma, diferenciarse de la competencia y conectar con su audiencia. Es cómo una marca quiere ser percibida, no solo en lo visual, sino también en su tono, valores y personalidad.

   Esto incluye: nombre de marca, logotipo y colores, tipografía, tono de voz y estilo de comunicación, valores y propósito, misión y visión del negocio, procesos operacionales, historia y narrativa, o experiencia que transmite. Para que se te haga más fácil identificar lo antes mencionado, debes responder estas preguntas:

a. ¿Qué estilo quiero darle a la marca? Quiero presentar una marca más casual, profesional, juvenil, divertida, elegante...

b. ¿Cómo lo voy reflejar? Cómo reflejo lo antes mencionado visualmente en el logo, paleta de colores, tipografía, elementos gráficos.

c. ¿Qué cualidades me representan? Esto es algo muy único y personal. En mi caso, me considero una persona dedicada, estructurada, amigable, detallista, disciplinada, entre otras características.

d. ¿Cómo se comporta el mercado? Siempre es necesario hacer un estudio de mercado porque hay colores que ya se identifican en ciertas industrias. Como por ejemplo, en los negocios de alimentos, es común ver el uso del rojo, amarillo y naranja, ya que son colores que estimulan el apetito, generan energía y llaman la atención rápidamente.

e. En cambio, en sectores como la tecnología, el azul transmite confianza y profesionalismo, mientras que en marcas de bienestar o belleza predominan los tonos suaves, verdes o rosados, que evocan calma, cuidado y frescura.

f. Si analizamos marcas como McDonald's, Burger King y KFC utilizan estos tonos estratégicamente para provocar una respuesta rápida y emocional en el consumidor. Conocer estos patrones no es para copiar, sino para entender cómo se comporta el consumidor visualmente y cómo podemos destacar sin desconectarnos del contexto.

Luego de contestar estas preguntas, me gustaría que hicieras el ejercicio de la rueda de color. Esta es una representación de cómo se reflejan las marcas famosas, y las características principales que podemos notar cuando las vemos y pensamos en ella. Ejemplo, cuando pensamos en Chanel, automáticamente pienso en los colores blanco y negro. Probablemente al escoger estos colores, quisieron provocar elegancia, autoridad, fuerza, respeto, clase... ¿verdad?

Entonces, es muy importante que antes de comenzar, identifiques cuáles son los valores que te van a representar, para luego identificarte con ciertos colores. ¿Cuáles son aquellos colores que se asemejan a esas características? Hagamos este ejercicio sin dejar de tomar en consideración, cómo se comporta el mercado.

1. **¿Qué voy a venderle a la mujer?**

   En este libro te vas a llevar la sorpresa sobre la cantidad de productos que puedes ofrecerle a la mujer. Una de las cosas que quiero que sepas es que no solamente le vamos a vender productos que ella usa, sino los que ella compra. ¿recuerdas la diferencia entre el consumidor y el comprador? Consumidor es el que utiliza o disfruta el producto, pero el comprador es quien paga o toma la decisión económica de obtener el producto. Y ahí está la clave: la mujer no solo compra para ella, también compra para su pareja, para sus hijos, para sus padres, para su hogar, su oficina, su mascota... incluso para otras mujeres.

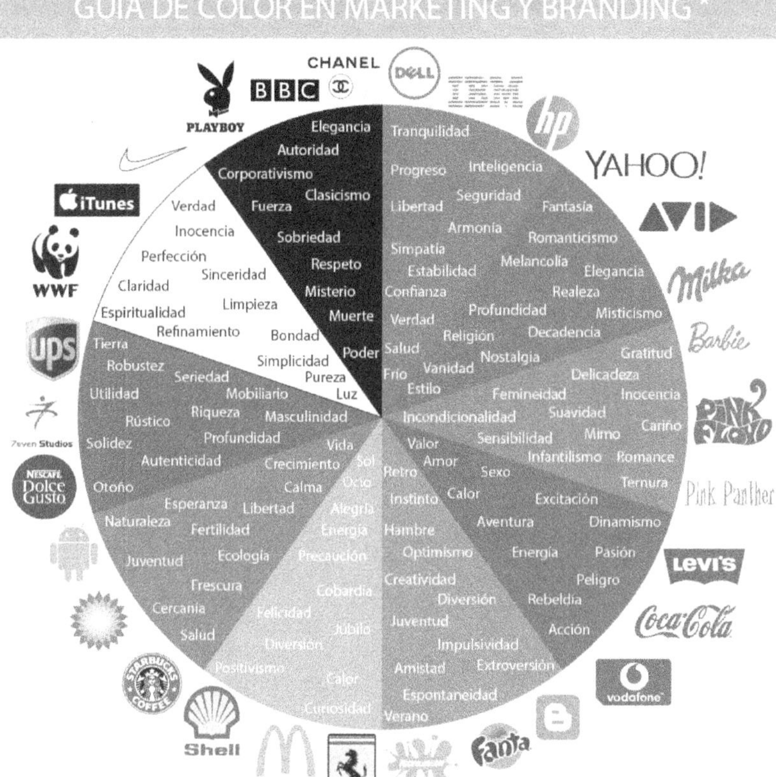

Color predominante	Marcas
Azul	DELL, IBM HP
Púrpura / morado	YAHOO!, AVID, Milka
Rosa	Barbie, Pink Floyd, Pink Panther
Rojo	LEVI'S, Coca-Cola, vodafone
Naranja	Blogger, Fanta, Nickelodeon
Amarillo	Ferrari, McDonald's, Shell
Verde	Starbucks, BP (British Petroleum), Android
Marrón	Nescafé Dolce Gusto, 7even Studios, UPS
Blanco	WWF, iTunes, Nike

---

*   Fuente: Recuperado el 1 de diciembre de 2025 de https://www.seoptimer.com/es/blog/estrategias-de-marketing-online-guia-de-color-para-marketing/

Y no solo compra por necesidad: compra para resolver, para consentir, para sorprender, para inspirar. Por eso, pensar que solo podemos venderle productos femeninos es limitar enormemente nuestro alcance. La mujer es el corazón del consumo moderno, y si sabes entenderla, puedes venderle desde un seguro hasta una silla de oficina, un sistema educativo, una caja de herramientas o una membresía de bienestar. Y ahí es donde entra la verdadera pregunta: ¿qué puedo venderle a esta mujer, sabiendo que ella es la gran protagonista? Esa es la conversación que comenzaremos en el próximo capítulo.

La mujer es el corazón del
consumo moderno.

2. ¿Quién será esa mujer?

Probablemente cuando lees esta pregunta pensarás... "yo estoy bien clara acerca de la mujer que le voy a vender. Tiene de 20 a 30 años y está casada". Pero la realidad es que toda mujer, aun comprando el mismo producto, lo puede hacer para conseguir u obtener distintas cosas. Las razones que se mete en la cabeza para decidir comprar el producto, son diferentes. Algunas basadas en sus responsabilidades, estilo de vida, entre otras.

Y es esa diferencia lo que hará que todas, aunque vendamos el mismo producto, podamos ganar. Yo puedo vender ropa deportiva; una mujer que es madre me comprará porque quizá es cómodo para su diario vivir mientras es ama de casa y cuida a sus hijos; mientras que para una mujer soltera, esta misma ropa deportiva es buena para viajar o irse de "brunch" con sus amigas.

La pregunta es ¿a cuál de estas dos mujeres le vas a vender? ¿Qué mensaje transmitirás para conectar con ellas? Porque definitivamente son mujeres que compran ropa deportiva, pero por un motivo diferente. ¿Ya ves porque hay oportunidades para todas? Tu historia, experiencia, modo de presentar tu producto hará que entre a tu negocio *online* un estilo de mujer específica para ti.

3. **¿Por qué me va a comprar esta mujer?**

Esta pregunta estará alineada a la primera pregunta que te hice: ¿cuál será tu factor diferencial? Las mujeres compran desde un aspecto de conexión y emoción. Tus valores, tu manera de presentar el producto, tu servicio al cliente, tus gustos en el empaque, tu proceso de compra dentro de la tienda *online*, y todos los detalles al momento de convertirse en clientas es lo que hará que ellas decidan escogerte. Ellas compran lo que las representa, lo que las inspira, lo que resuelve un problema real en sus vidas, y lo que les hace sentir que alguien pensó en ellas con intención.

- Te va a comprar si se ve reflejada en ti.
- Te va a comprar si tu marca la hace sentirse vista, escuchada, entendida.
- Te va a comprar si en tu producto encuentra una solución, pero también una emoción.
- Te va a comprar si le ofreces algo que no solo es bonito, sino funcional, honesto, coherente con lo que ella valora.

Y, sobre todo, te comprará si tú estás clara con lo que ofreces y lo comunicas con seguridad. Porque ella no solo adquiere un producto... te compra a ti, tu estilo, tu historia y tu propuesta de valor. Por eso, no compitas por precio, compite por conexión. No busques venderle a todas, busca hablarle con intención a esa mujer que está esperando encontrarte. Porque cuando lo hagas bien, no solo te comprará una vez... te elegirá una y otra vez.

4. **¿Cuánto quiero ganar?**

Esta es una pregunta clave que muchas veces se evita, pero que debe responderse con honestidad y claridad. No se trata solo de vender por vender, sino de construir un negocio sostenible, rentable y alineado con tu propósito. Define desde el principio cuánto deseas generar mensualmente o anualmente, y en base a eso, establece tus precios, tus metas de ventas y tu estructura de costos. Recuerda que el dinero no solo llega por lo que vendes, sino por el valor que transmites y el problema que resuelves. Y no es lo que vendes, es lo que ganas.

Como dueño de un negocio *online* tienes todo el derecho de aspirar a abundancia, y eso empieza por definir con claridad cuánto quieres que tu negocio te genere. No pongas números pequeños por miedo o por "ser realista": pon números que reflejen el estilo de vida que deseas, el valor que entregas y el impacto que quieres tener.

Tus precios, tu estrategia y tus decisiones deben estar alineadas con esa meta. Porque si no sabes a dónde quieres llegar, cualquier venta te parecerá suficiente, y tú no estás aquí para sobrevivir… estás aquí para prosperar. Cuanto más claro tengas tu objetivo financiero, más estratégicamente podrás tomar decisiones que te acerquen a él sin perder tu esencia como marca.

5. **¿Qué hace falta para hacerlo realidad?**

Primero que nada… necesito felicitarte. Y quizás te preguntes por qué. La respuesta es simple: si estás leyendo estas palabras, es porque ya diste el primer paso, aunque sea en tu mente. Ya sembraste la semilla de una idea, un deseo o una intención. Tal vez pensaste: "quiero comenzar a generar ingresos por internet", "quiero vender productos alrededor del mundo", o pasaste por una vitrina de una tienda de libros, encontraste este libro y dijiste: "antes de comenzar, necesito aprender".

No importa cuál haya sido la frase exacta. Lo importante es que tomaste la decisión de educarte, de prepararte, de hacer esto bien. Por eso, escribe lo que te hace falta. No para abrumarte, sino para enfocarte.

Enumera qué recursos necesitas, qué conocimientos aún te faltan, qué pasos te darían más confianza. Porque cuando lo nombras, lo ordenas. Y cuando lo ordenas, lo puedes accionar. Este ejercicio no es solo una lista, es una brújula. Te va a ayudar a avanzar con seguridad, con intención y sin improvisar. Te vas a sorprender de cómo lo que parecía lejano se vuelve alcanzable cuando lo desglosas paso a paso. Y lo más importante: no tienes que hacerlo sola. Sabes que estoy aquí para acompañarte, apoyarte, motivarte y recordarte que sí puedes. Porque ya lo estás haciendo.

Planificar no es solo escribir una lista. Es visualizar tu éxito con intención. Ahora que has reflexionado sobre estas seis preguntas, quiero que entiendas algo esencial: estás construyendo algo mucho más grande que una tienda *online*. Estás creando una marca que puede transformar vidas, que puede conectar con mujeres reales, que puede inspirar y resolver, al mismo tiempo. Y por eso, no puedes improvisar.

Una marca pensada desde la esencia, desde su valor y desde la mujer a la que sirve, no compite, lidera. Planificar es lo que te va a permitir avanzar sin ansiedad, con foco, con claridad. Porque cuando tienes estructura, puedes crear con libertad. Aquí no hay recetas mágicas, pero sí hay algo infalible: la claridad + la intención = acción con propósito. Esa es tu ventaja.

> Planificar no es solo escribir una lista.
> Es visualizar tu éxito con intención.

Y antes de pasar al próximo capítulo, quiero dejarte una pregunta final...

¿Qué decisión vas a tomar hoy para acercarte a esa tienda que imaginas?

Haz tu lista. Enumera lo que te hace falta. Dale forma a esa idea. Porque ahora que sabes a quién le vendes, qué vendes, por qué lo haces y cuánto quieres ganar, ya no hay excusa para no comenzar.

HISTORIA INSPIRADORA #2

SOPHIA AMORUSO

De eBay al imperio *millennial*: cómo una chica rebelde convirtió ropa *vintage* en una revolución *online*

Cuando Sophia Amoruso tenía 22 años, su currículum no era precisamente el de una emprendedora modelo. Había abandonado la universidad, trabajado como guardia de seguridad en una escuela de arte y hasta vivía de pequeños trabajos que no duraban mucho. Pero entre esas vueltas de la vida, descubrió algo que la cambiaría todo: eBay. Y más que eBay, descubrió el poder de venderle a otras mujeres lo que a ella misma le encantaba usar.

Sophia comenzó vendiendo ropa *vintage* que encontraba en tiendas de segunda mano, curándola como una experta de moda sin haber estudiado diseño. No era solo vender ropa, era crear un estilo, una actitud. Ella fotografiaba las piezas ella misma, modelaba, editaba las imágenes y las subía con descripciones con tono sarcástico, divertido y cercano. Las mujeres no solo compraban ropa, compraban personalidad.

Pronto, lo que era un ingreso extra se convirtió en una tienda *online* llamada Nasty Gal, un *e-commerce* dirigido a una generación que buscaba algo diferente:

moda irreverente, con voz propia, sin pedir permiso. Con un ojo agudo para las tendencias, un *branding millennial* y estrategias digitales innovadoras (cuando Instagram apenas estaba naciendo), Sophia construyó una comunidad de mujeres que no solo querían verse bien: querían *ser* alguien. Nasty Gal llegó a generar más de 100 millones de dólares en ventas anuales, convirtiéndose en una de las tiendas online de moda más influyentes de la década de los 2010. Todo desde internet. Todo vendiéndole a ella.

Su historia inspiró el *best seller* #Girlboss, que luego se convirtió en serie de Netflix. Pero más allá del título de "jefa", Sophia le habló a una generación completa de mujeres que no seguían el molde y que necesitaban un ejemplo de que sí se puede empezar desde cero. Que no hay que tener todo resuelto para comenzar. Que una tienda *online* puede ser el principio de una transformación de vida.

Claro, no todo fue perfecto. Nasty Gal eventualmente enfrentó problemas financieros y fue vendida, pero Sophia siguió adelante. Fundó Girlboss, una comunidad global de mujeres emprendedoras con recursos, contenido y educación para impulsar sus negocios. Hoy, Sophia Amoruso representa algo más que una tienda. Representa lo que pasa cuando una mujer decide monetizar su estilo, su historia y su poder. Su éxito no fue solo por vender ropa linda, sino por entender a la mujer que la compraba. Le habló en su idioma, le vendió como amiga y, sobre todo, la hizo sentir parte de algo más grande que un carrito de compras.

CAPÍTULO 3

NO TODAS LAS MUJERES SON IGUALES

¡DESCUBRE LA RIQUEZA
DE ESTE CAPÍTULO...!

- Por qué no existe una única forma de ser mujer, ni una sola manera de comprar.

- Cómo segmentar tu audiencia y descubrir el perfil real de tu compradora ideal.

- Qué preguntas debes hacerte para entender su historia, sus deseos y sus dolores.

- Cómo crear "personas" que representen a las distintas mujeres que podrían amarte como marca.

No existe "la mujer" como un único perfil: existen millones de historias, deseos y formas de comprar. Quien aprende a mirar con atención descubre que la clave no está en vender para todas, sino en hablarle con verdad a la mujer que ya está esperando encontrarte.

En un pódcast me preguntaron: ¿cuál ha sido tu mayor reto como educadora? Mi respuesta fue: *que la mujer pueda reconocer su valor. Que la mujer pueda entender que hay oportunidades para todas.* Te sorprenderías de la cantidad de mujeres que no comienzan un proyecto porque hay otras mujeres que para ellas están haciendo lo mismo. Me dicen: "Vero, no quiero comenzar hasta conseguir un producto único". Por tantos años, he escuchado el "juntas somos más fuertes" pero aún no estoy clara si lo vivimos. Se ha hecho mucho, pero aún siento que falta demasiado. Sobre todo en el tema de los negocios.

Sigue existiendo la obsesión de compararnos y competir. Como educadora e infoempresaria he tenido un camino muy solitario. Hay colegas que nunca me han visto personalmente, nunca han hablado conmigo, y no quieren tener una relación conmigo, simplemente porque me dedico a lo mismo que ellos...porque hablamos del mismo tema. No podrías creer las cosas que me han sucedido como empresaria, simplemente por ser una de las líderes de este mercado.

Una vez un colega canceló su participación en un evento de *e-commerce* en mi isla, Puerto Rico, simplemente porque yo iba a estar presente. Hubo otros que usaron sus redes sociales para atacarme sin conocerme... simplemente porque para ellos "me dedico a lo mismo" y otros me han echado la culpa de sus resultados, porque existo.... No lo escribo para quejarme. He aprendido a vivir con eso, como te conté en mi libro *Lo que no me dijeron de emprender.* Te lo traigo para que puedas observar el mal común que tenemos de siempre buscar una excusa para no construir y crecer.

¡Hay oportunidades para cada emprendedora!

Siempre he pensado que cada dueño de negocio tiene una pieza importante en este mundo, y tiene un buen pedazo del pastel. Aunque suene como un cliché, ¡hay oportunidades para todo el mundo! Porque ¡hay comunidad para todo el mundo! Y te preguntarás, ¿por qué vienes con esta historia? Porque cuando entras al *e-commerce*, podría pasarte por la cabeza que no tendrás éxito si vendes productos que otros ya venden.

Cuando comprendes la narrativa de que hay oportunidades para todo el mundo, porque ¡hay comunidad para todo el mundo! Tu mente comienza a matar objeciones y ver oportunidades donde otros no las ven.

Así es que luego de cambiar el "chip" tonto de la comparación, la pregunta que podrías hacerte es: "Vero, ¿qué puedo venderle a la mujer? En un mundo donde se dice que "todos los hombres son iguales", existe una variedad de mujeres que las puedo comparar con el universo. Como habíamos mencionado, las responsabilidades, la edad, los estilos de vida, la nueva era, han hecho que cada mujer sea un mundo aparte. Hay mujeres que dedican su vida a viajar, otras al deporte, algunas a crear su empresa y muchas a formar un hogar. Sin contar que una sola mujer tiene productos para cada etapa, cada ocasión, cada actividad y cada responsabilidad.

Yo puedo comprarte pijamas cómodas, como otras un poco más sensuales, productos para el cuidado de la piel para cuando me levanto, otras para durante el día, y otra para la noche. Maquillajes de día y otros de noche. Calzado para correr, otro para ir a la playa, otro para quedarme en un hotel, otro para ir a cenar, y otro para ir al gimnasio. Puedo tener organizadores para la nevera, para el *laundry*, para los accesorios, para los maquillajes. Ropa para irme de spa, para una reunión, para compartir con amigos, para jugar pickleball, para trabajar todo el día en la oficina... y podría darte tantos y tantos ejemplos.

Quiero que analices en estos momentos los ejemplos que te estoy dando, porque sabes que lo vives todos los días. Ahora mismo puedes mirarte en un espejo y vas a reconocer la cantidad de productos que utilizas hasta para irte al centro comercial. Así es que la pregunta es... ¿en serio no podrías conseguir un producto de venta? Ya en este momento podrás dejar a un lado el "qué pasa si otros venden lo mismo que yo, o si la mujer lo va a comprar?".

En estos momentos quiero que pienses en un producto que te guste, que te llame la atención, que puedas dedicarle horas de atención y no sientas que estás trabajando. Muchas mujeres se me acercan y me dicen "Vero, mi problema es que no sé qué vender, de tantas alternativas que existen". Quiero compartirte los consejos que les doy para que puedas alinearte...

1. Imagina que estás en una megatienda que tiene muchos departamentos. ¿Cuál es ese pasillo que vistas sí o sí? Personalmente, soy de las que tiene que visitar el

área de jardinería o de artículos de oficina. Me fascina y me hace muy feliz ir a ver plantas, flores, los tiestos, aunque no entre algo más en mi jardín. Ir al pasillo de artículos de oficina y mirar los marcadores, agendas, calendarios. Te reirías de la cantidad de libretas sin usar que tengo en mi escritorio. ¡porque nunca está demás comprar otra! Piensa en ese pasillo ahora mismo.

2. Cuando estás en la fila del supermercado, y hay revistas en las estanterías...¿cuál es la primera que sostienes? ¿Moda, hogar, cocina...?

3. Analiza tus búsquedas de Google o preguntas frecuentes que le haces a ChatGPT.

4. Investiga el área de explorar de tu Instagram. El algoritmo te mostrará lo que más te gusta. Son temas de maquillaje, farándula, comedia, libros, negocios o carteras?

Recuerda, lector, todo producto se vende. El más mínimo tiene su comunidad. A una mujer le puedes vender:

- ❏ Moda y accesorios
- ❏ Cuidado personal y belleza
- ❏ Salud y bienestar
- ❏ Hogar y decoración
- ❏ Gastronomía y cocina
- ❏ Maternidad y cuidado infantil
- ❏ Tecnología
- ❏ Educación y aprendizaje
- ❏ Deportes y actividades al aire libre
- ❏ Mascotas

- ❏ Ocio y entretenimiento
- ❏ Jardinería y plantas
- ❏ Productos para pareja
- ❏ Cuidado de adultos mayores
- ❏ Viajes y Aventura
- ❏ Fiestas y celebraciones
- ❏ Sostenibilidad y productos ecológicos
- ❏ Finanzas y organización personal
- ❏ Lencería

Y podría crear solo un libro de todos los productos que le puedes vender. Si pensabas que este libro te iba a decir "vende ropa o accesorios para que puedas tener éxito con la mujer"... te has equivocado. Todos tenemos que reconocer que son nichos muy potenciales, pero no los únicos. Te pregunto, ¿qué producto me falta? Estoy muy segura de que ya en tu mente existe algo que no se encuentra en esta lista...porque las oportunidades son infinitas. ¡Lo que más abunda son productos para vender! Sin embargo, hay distintas maneras de obtener tus productos. Existen técnicas donde vas a tener el inventario contigo y hay otras donde simplemente, un agente externo (proveedor o manufacturero) lo tendrá por ti.

LA RUEDA DE OBTENCIÓN DEL PRODUCTO

Quiero explicarte lo que más utilizo con mi tienda *online*, clientes y estudiantes, para que escojas lo que mejor que se acomode a tu modelo de negocio o presupuesto. Te presento la *Rueda de obtención del producto*. Quiero comenzar discutiendo las tres técnicas de la derecha y luego pasaré a las de la izquierda. Las de la derecha son técnicas donde los productos los tienes en tu lugar de trabajo: ya sea el hogar, tu empresa, área de producción, etc.

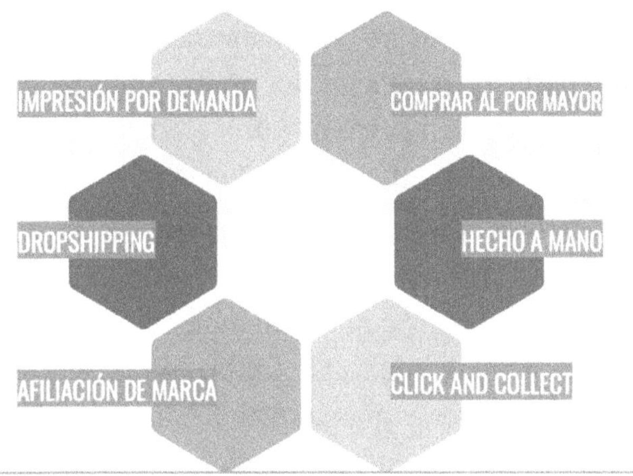

1. **Comprar al por mayor:** Es una de las técnicas más conocidas y más utilizadas. Consiste en seleccionar un proveedor que venda mercancía o que te produzca al por mayor mercancía con tu marca. Una de las preguntas claves que deberías hacerle a este proveedor es: ¿cuánto es lo mínimo que debo comprar para que me llegue lo más rápido posible? Cada proveedor y/o manufacturero es un mundo diferente.

    Todo varía dependiendo del país de origen del proveedor, el tipo de producto, entre otros detalles. Por ejemplo, cuando fui a Colombia a buscar proveedores para mis miembros de *Ecommerce Avanzado*, hubo proveedores que me dijeron: "no tengo mínimo de compra.

Sin embargo, mientras más compres, más económica te sale cada unidad de producto.

Cuando viajé a China, algunos fabricantes me dijeron: "Si te llevas el producto tal como está ('as is'), la compra mínima es de X unidades y el precio es este". Si vas a ponerle tu marca y/o personalizarás el diseño, el mínimo de compra y los precios por unidad son "tanto". La clave siempre está en hacer preguntas, atreverte a negociar y estudiar las alternativas que tengas.

Una de las ventajas de esta técnica, es que los precios por unidad serán más competitivos que cualquier otra técnica; por consiguiente, tu margen de ganancias, tenderá a ser más amplio. Sin contar que al tener la mercancía contigo, tienes más control del manejo de inventario; tus toques en el empaque será tu exclusividad o punto fuerte; y tu creación de contenido será más orgánico y humanizado porque podrás provocar que tu comunidad viva la experiencia contigo cuando te llega la mercancía, cuando desempacas las cajas que te llegaron de tu proveedor, cuando empacas una orden de tu producto, entre otras estrategias.

2. **Hecho a Mano:** Aquí están las personas que producen o elaboran sus productos. Tengo miles de estudiantes que crean jabones, productos personalizados, productos para el cuidado de la piel, velas, perfumes, accesorios, maquillaje, entre otros. Esta técnica tienen algo que no tienen las otras: la gente está dispuesta a pagar más por la calidad de los productos y su exclusividad.

En mi libro *Crea tu tienda online*, te hablé sobre las colaboraciones que puedes hacer con un artesano, en caso que no tengas la habilidad o el tiempo para crear un producto, pero que sí quieras vender un producto que sea hecho a mano. El reto de esta técnica es el flujo de producción. Mientras más crezcas, sabes que tienes que tomar en consideración más equipos, personal, mejorar y automatizar procesos de operación para mantener la calidad y producción adecuada del producto. Procesos que no son imposibles, y que son parte del crecimiento. ¡Este es el reto que todos queremos!

Una de mis partes favoritas de los clientes o miembros de mi programa que venden productos hechos a mano es el contenido. Es muy fácil crear contenido en redes sociales que la gente le interese. El proceso creativo del producto, ya sea mientras se mezclan los ingredientes o se produce el producto, es un efecto sensorial y visual que a la gente le encanta experimentar en las redes; sin contar que a la gente le gusta apoyar productos "hechos como en casa". A la mujer no solo le gusta lo bonito; le gusta lo único, lo consciente y lo que conecta con sus valores.

De hecho, el 66 % de las mujeres afirma que prefiere comprar productos con un toque humano y hechos con intención, antes que artículos genéricos producidos en masa. Además, más del 60 % de las mujeres[10] dice

---

10. Accenture. (2020). *The human paradox: From customer centricity to life centricity. Accenture Strategy*; Edelman. (2021). *Edelman trust barometer: Brands and belief-driven buyers. Edelman*; Shopify. (2022). *The future of commerce report 2022. Shopify Inc.*; Etsy. (2021). *Etsy annual seller report 2021. Etsy Inc.*

sentirse más conectada emocionalmente con productos hechos a mano, especialmente cuando conocen la historia detrás de la marca. Por eso, marcas artesanales que muestran su proceso, su propósito y su alma, tienen una ventaja emocional enorme en el mundo del *e-commerce*. Cuando combinas, el proceso creativo, con tu historia, con mostrar tu talento, tu área de trabajo... ¡el resultado son ventas!

3. **"Click and Collect":** Existen muchas maneras de llamar esta técnica. Una de ellas es la estrategia BOPIS: "buy online, pick up in store", pero el significado y la estrategia es la misma. Consiste en negocios o establecimientos físicos que crean una tienda *online* para darle más y mejores alternativas de compra a sus clientes. El 87 % de los minoristas ya ofrece BOPIS.[11] En EE. UU., 230 000 tiendas ya permiten comprar *online* y recoger en tienda, y este modelo representa el 10 % de todo el *e-commerce*, con ventas globales cercanas a los 133 mil millones de dólares en 2024, y creciendo un 16 % anual.[12] Las ventajas de esta técnica son las siguientes:

   a. El 85 % de las clientes que utilizan BOPIS compra algo más cuando recoge su pedido.[13] La persona en-

11. Shopify. (2022). *The future of commerce report 2022. Shopify Inc.* Recuperado el 11 de noviembre de 2025, de https://www.shopify.com/research/the-future-of-com merce

12. Capital One Shopping. (2025, 13 de mayo). *Buy online, pick up in store (BOPIS) statistics.* Recuperado el 11 de noviembre de 2025, de https://www.capitaloneshopping.com/research/buy-online-pick-up-in-store-statistics/

13. Moon, D. (2024, 29 de octubre). *BOPIS vs. same-day delivery: Meeting customer expectations in retail fulfillment. MyTotalRetail.* Recuperado el 11 de noviembre de 2025, de https://www.mytotalretail.com/article/bopis-vs-same-day-delivery-mee ting-customer-expectations-in-retail-fulfillment/

tró a la tienda *online* y escoge sus productos, pero cuando llega al establecimiento a recoger lo que ordenó previamente, comienza: "este producto no lo había visto", "déjame llevarme esto otro también". ¿Te ha sucedido?

b. No postergas la compra: NO es lo mismo que una persona diga: "necesito este producto, verificaré cuando tenga el tiempo para ir", a "déjame ordenarlo por internet para al menos tenerlo de mi lado", y luego lo recojo.

c. Evitas procesos de devolución: la persona ordena en tu tienda *online* el producto que quiere, pero cuando pasa a recogerlo dice: "mmm… creo que me llevo el *medium*, en vez del *small*", o "me gusta más el rojo que el azul". El cambio de producto se realiza ahí mismo.

d. No tienes que ir al correo: la persona ordena por internet y recoge en tu establecimiento. No tienes que enviar nada por correo y evitas gastos de envío, errores en la dirección, retrasos logísticos y devoluciones innecesarias. Además, generas tráfico físico a tu local, lo que puede traducirse en más ventas presenciales y una mejor relación con tu cliente.

Mi mejor amiga tiene un negocio de comida saludable. Ella tiene un restaurante donde las personas la visitan para tener un *brunch*, beberse su café o un té chai, desayunar o almorzar. Otro de sus servicios es la entrega de "meal preps", comidas prehechas para que las personas tengan sus comidas listas para toda una semana. Son muchas las personas quienes quieren comer saludable, pero no saben cómo cocinarse correctamente o no tienen el tiempo para hacerlo.

Un día le dije: "Yibel, ¿qué tal si hacemos una tienda *online* donde las personas puedan ordenar sus comidas, jugos naturales, meriendas y luego lo recogen en el restaurante? Ella puso un poco de resistencia, como nos pasa a todos cuando estamos a punto de agregar algún proceso nuevo a nuestro negocio, pero se dejó llevar.

Lanzamos la tienda, educamos a la comunidad, y poco a poco la gente se fue acoplando a este nuevo método. Mucha gente ordenaba desde sus hogares y/o trabajos y luego recogían en el establecimiento. Ella estaba feliz porque pudo automatizar y estructurar el proceso de ordenar. Ya no tenía mensajes privados por Instagram, mensajes al WhatsApp, ahora todo se canalizaba desde la tienda *online*.

Y esto no se queda ahí, por unas situaciones de crecimiento y poco espacio, pero a la vez de pocos recursos que ofrecía ese municipio (problemas de electricidad, estacionamiento, entre otros), decidió cerrar el establecimiento de manera provisional.

¿Adivina que continuó en operación? Su tienda *online*. Incluimos un servicio de *delivery* y puntos de entrega, y el negocio siguió generando dinero. Un día me dijo: "Verónica, tengo que ser honesta contigo. Cuando me dijiste por primera vez: haz tu tienda *online*; pensé: "Verónica está loca, yo vendo comida. Es imposible que podamos hacer esto realidad".

Todo negocio tiene la oportunidad de incluir el *e-commerce* en su modelo de negocio. No importa si vendes un producto o brindas un servicio. No importa si tienes un restaurante, un taller de mecánica, un salón de belleza... puedes tener tu tienda *online* y ofrecerle esta comodidad a tus prospectos y clientes.

Recuerda: esto no es una tendencia pasajera: es la nueva forma de vender, porque conecta lo digital con lo físico de forma inteligente.

Estas tres alternativas te permiten tener el inventario contigo. Ahora, pasaremos a tres alternativas adicionales donde no necesitas tener los productos contigo para tener un negocio *online*. ¿Estás listo?

1. **Impresión por demanda**

   Es una técnica de venta que está tomando mucho auge por la gran ventaja de tener un producto único sin tenerlo en tu casa. Consiste en aplicaciones o plataformas que ya tienen un catálogo de productos establecidos, y tú incorporas tu diseño digital en ellos para venderlos en tu tienda *online*. Estos productos no los tienes contigo, no los tienes que empacar ni tienes que ir al correo. La plataforma, o la aplicación escogida, lo realizará por ti.

   Para que tengas una idea, la plataformas que más utilizo con mis clientes y también la aplico en mi tienda *online*, es Printify. A mis estudiantes de *Ecommerce Avanzado*, les enseño paso a paso, botón por botón, cómo instalar esta aplicación a su tienda *online*, cómo configurarla, escoger los productos, diseñar los productos y programar las automatizaciones necesarias para que esta plataforma procese las órdenes, entregue el producto y envíe el número de rastreo al cliente.

La variedad de productos que tienen estas plataformas es sorprendente. Desde líneas de café, productos para la piel, suplementos y vitaminas, ropa, productos para el hogar, mascotas, accesorios y más. Lo que lo hace diferente a cualquier otra técnica es que tú diseñas los productos. Los artes, frases o lo que quieras añadirle son tuyos; sin necesidad de tener este inventario en tu hogar. Tal como se dice el nombre de la técnica, todo es por demanda. Se produce lo que se vende. No debes tener inventario demás, ni asegurarle a esta plataforma una cantidad mínima de ventas al mes.

2. *Dropshipping*

Es una técnica de venta que se ha utilizado por muchos años, y que sigue vigente hoy por la gran comodidad y bajo riesgo que ofrece para quienes están comenzando en el mundo del *e-commerce*. Consiste en trabajar con un proveedor que ya tiene un inventario establecido, y que está dispuesto a enviar productos directamente a tus clientes, incluso si es solo uno.

Tú no compras la mercancía por adelantado, ni necesitas tener espacio de almacenamiento en tu casa. Solo subes los productos a tu tienda *online*, les colocas tu precio, y cuando una clienta realiza una compra, ese pedido se envía automáticamente al proveedor, quien se encarga del empaque y el envío.

Entre sus principales ventajas, el *dropshipping* requiere muy poca inversión inicial, ya que no necesitas comprar grandes cantidades de inventario por adelantado. Además, te permite olvidarte del manejo logístico, porque no empacas, no almacenas ni haces envíos tú mismo. Otra gran ventaja es que puedes acceder a una amplia variedad de productos, lo que te da libertad para experimentar con diferentes nichos y categorías sin comprometerte con un solo tipo de mercancía. Y como todo el proceso es digital y automatizado, es un modelo altamente flexible, ideal para manejar desde casa o desde cualquier lugar del mundo.

3. **Afiliación de marca**

Esta es la técnica que siempre digo: tengas o no tengas una tienda *online*, tienes que afiliarte si quieres ganar dinero por internet. La afiliación de marca consiste en registrarte en el programa de afiliados de una empresa o plataforma digital. Una vez afiliada, puedes promocionar los productos o servicios de esa marca a través de tus redes sociales, blog, email, tienda o comunidad. Y si ese producto se vende gracias a ti, es decir, a través de tu enlace único de afiliada, la marca te entrega una comisión por cada venta generada.

Estas comisiones varían según la empresa. Algunas ofrecen entre un 5 % y 15 %, otras pueden llegar hasta un 30 %, o incluso más si son productos digitales (como *e-books*, cursos, membresías o herramientas). Plataformas como Amazon Afiliados, Sephora, Nike, Petsmart, entre otras que utilizamos comúnmente, tienen su programa de afiliación.

Estoy segura de que cuando te pones un labial y te tomas una foto para las redes sociales, siempre hay una amiga que te pregunta: "¿dónde lo conseguiste?". Automáticamente, y con mucho agrado, le dices dónde adquirirlo y hasta le envías el enlace para que lo pueda comprar. Esta vez, lo harás usando tu enlace de afiliación. Ayudas a tu amiga y generas ingresos adicionales. ¡Win!

Actualmente, el 80 % de las marcas ya cuenta con un programa de afiliación, lo que significa que las oportunidades están por todas partes. Muchas personas generan ingresos mensuales que van desde $300 hasta $3000 de forma pasiva, y las afiliadas con mayor alcance o estrategia superan los $10 000 mensuales.

Lo más interesante es que no necesitas miles de seguidores para comenzar, solo necesitas aprender a conectar con la audiencia correcta, y ser intencional con lo que recomiendas; y de hecho, lo puedes usar como estrategia complementaria para tener más inventario en tu tienda *online*. Entre las ventajas más destacadas está el hecho de que no necesitas crear tus propios productos ni manejar inventario, puedes generar ingresos pasivos reales, y hacerlo incluso sin tener una tienda *online*.

Además, te permite monetizar tu voz, tu experiencia y tu credibilidad, promocionando productos que realmente usas, conoces y amas. Y como es un modelo escalable, puedes afiliarte a múltiples marcas al mismo tiempo, lo que lo convierte en una opción ideal si estás comenzando en el mundo del *e-commerce* o del contenido digital.

Ahora que ya conoces las distintas técnicas que puedes usar para vender, desde tener productos físicos en casa, hasta modelos digitales como la impresión por demanda, el *dropshipping* o la afiliación, es momento de hablar de uno de los puntos más importantes (y más subestimados) del *e-commerce*: elegir un proveedor confiable. Porque no importa cuán buena sea tu tienda, tu *branding*, tus fotos o tu estrategia de ventas…Si el producto no llega bien, llega tarde o en malas condiciones, tu negocio *online* sufrirá.

Un buen proveedor no solo te entrega productos; te ayuda a construir confianza. Y en especial cuando le vendes a una mujer, que evalúa los detalles, espera consistencia y valora la experiencia completa, trabajar con un proveedor serio y profesional no es una opción: es una prioridad. Por eso, quiero compartirte los cinco principios que enseño en mis talleres y eventos, como *SheCommerce*, cuando hablo de esta parte crítica del negocio. ¿Estás listo?

1. Siempre investiga las reseñas

Un proveedor que no permite opiniones públicas o no tiene reseñas verificables es, para mí, una señal de alerta. La retroalimentación de otros clientes es uno de los filtros más poderosos que puedes usar para validar si ese proveedor cumple lo que promete. Si todo se ve "demasiado perfecto", pero no hay evidencia real de clientes satisfechos, yo empiezo a dudar.

2. Pide siempre una muestra

Incluso si haces *dropshipping* o impresión por demanda. Aun si tú no vas a manejar el inventario, necesitas tener al menos un producto en tus manos para evaluar su calidad. Pide una muestra, pruébala, tócala, mídela, úsala. Puede que una sola muestra te salga más cara, especialmente si se trata de un envío internacional.

Por ejemplo, pedir una pieza desde China a Puerto Rico te puede costar $25 o $30, aunque el producto en sí valga $8. Pero no lo veas como un gasto innecesario, sino como una inversión estratégica. Con esa muestra puedes hacer contenido, fotos reales y, sobre todo, asegurarte de que no le estás vendiendo cualquier cosa a tu cliente. Nunca te lances a comprar en cantidad sin haber validado lo que estás ofreciendo.

3. Evalúa la comunicación y el servicio al cliente del proveedor

Hazlo incluso antes de hacer una compra formal. Si pedir una muestra es un proceso lento, confuso o lleno de excusas, eso dice mucho sobre cómo será trabajar con ese proveedor en el futuro. Recuerda que al crecer, tus volúmenes de órdenes también crecerán. Si no pueden responder de forma ágil con un pedido pequeño, imagina cuando estés vendiendo 100 o más piezas al mes. Una de las cosas más valiosas en tu relación con tu proveedor será la comunicación. ¿Responde rápido? ¿Habla claro? ¿Te orienta con profesionalismo? ¿O te hace sentir como si estuvieras molestando con tus preguntas?

4. Verifica muy bien las políticas de envío, tiempos de entrega y flujo de inventario

Aquí es donde muchas se emocionan con el producto y se olvidan de la logística. Y créeme, si hay algo que puede destruir una buena venta es un mal manejo de la entrega. Pregunta cuánto tardan en enviar una orden. Pregunta qué pasa si se quedan sin inventario. ¿Pueden reponer rápido o trabajan bajo producción por pedido?

Te comparto una experiencia personal: en un evento conocí una línea de productos artesanales hermosos. Todo era perfecto… hasta que pregunté: "¿Y si me quedo sin inventario, cuándo puedo reordenar?". La respuesta fue: "Esto se hace a mano y toma meses". No era una mala respuesta, o un problema que no tiene solución. Si yo sé que se tardan meses, también sé que tengo que ordenar con más tiempo de anticipación. Aun así, fue un *"yellow flag"* que me hizo rechazar este proveedor; pues en meses, pasan muchas cosas, incluyendo cambios de tendencias.

5. Observa qué tipo de reconocimiento o historial tiene ese proveedor dentro de la plataforma donde lo encontraste.

Por ejemplo, si estás usando Alibaba o AliExpress, estas plataformas suelen destacar a los proveedores más consistentes con medallas, estrellas o niveles de reputación basados en rendimiento, cumplimiento y servicio. No ignores esa información. Tómate el tiempo de entender cómo funciona el sistema de evaluación en cada plataforma. No todos los proveedores son iguales, y no todos han pasado por los mismos filtros de calidad.

En resumen, no estás comprando solo un producto, estás construyendo una relación de confianza con un cliente que espera más que un paquete: espera una experiencia. Elegir bien a tu proveedor es parte del respeto que le debes a tu marca, a tu visión, y a esa mujer que decidió comprar en tu tienda. Hazlo con estrategia. Hazlo con intención. Hazlo pensando en ella.

Después de todo lo que hemos hablado en este capítulo, quiero que tengas algo muy claro: no necesitas tenerlo todo resuelto para comenzar, pero sí necesitas comenzar con intención. Venderle a la mujer no es solo una estrategia de negocio, es una responsabilidad. Porque ella no compra por impulso: ella analiza, siente, observa, evalúa... estaremos hablando con más profundidad al momento de promover tu tienda *online* para ella.

Ella espera conexión, coherencia, claridad. Por eso, lo que decidas vender, cómo lo consigas y con quién lo trabajes, importa más de lo que crees. Este capítulo no fue solo para darte herramientas. Fue para ayudarte a ver que sí hay espacio para ti, que sí hay productos para vender, que sí hay comunidad esperando por tu oferta... aunque otras ya estén vendiendo algo parecido. Recuerda: ¡hay oportunidades para todo el mundo! Porque ¡hay comunidad para todo el mundo!

HISTORIA INSPIRADORA #3

SELENA GÓMEZ

De estrella a fundadora de Rare Beauty

Selena Gómez, conocida mundialmente como actriz, cantante y productora, también ha dejado una huella profunda en el mundo del emprendimiento con la creación de *Rare Beauty* en septiembre de 2020. Lo extraordinario de su proyecto no es solo su éxito financiero (una facturación superior a los $350 millones en 2023 y una valuación de alrededor de 2 000 millones de dólares en 2024, sino el propósito que le dio vida: redefinir los estándares de belleza y romper con la presión de la perfección.

Desde su lanzamiento, Rare Beauty se destacó por su amplio abanico de tonos de base —cuarentaiocho en total, pensando en la diversidad de pieles— y por promover un mensaje de inclusión, autenticidad y amor propio Además, desde el primer día, la marca donó un 1 % de sus ventas al *Rare Impact Fund*, una iniciativa dedicada a financiar recursos de salud mental y superar el estigma en comunidades estudiantiles y vulnerables. En su primer año, el fondo donó $1.2 millones a ocho organizaciones.

Una de las claves del éxito de Rare Beauty fue su estrategia de marketing y comunidad. Apoyada en su propia vulnerabilidad —Selena ha hablado públicamente de su lucha contra la ansiedad, lupus y depresión—, creó una marca empática, conectada con sus seguidores y auténtica. Sus productos virales, como el *Soft Pinch Liquid Blush*, se convirtieron en sensación en TikTok, generando ventas de millones de unidades y reforzando una narrativa: belleza real para la mujer real. En 2021, Rare Beauty fue nombrada "Start-up del Año" por WWD Beauty Inc y reconocida por Time como una de las empresas más influyentes del año.

Hoy, Rare Beauty es un referente internacional. Está presente en Sephora, su tienda *online* global y puntos de venta en Europa, Asia y América Latina. Ha ganado múltiples premios (más de 20 galardones solo por sus productos) y ha demostrado que una marca nacida de una figura pública puede trascender la celebridad si nace del propósito . Selena no solo vendió maquillaje; construyó un movimiento. Un movimiento que demuestra que la belleza no está en la perfección, sino en la autenticidad, la salud mental y el empoderamiento genuino.

Este es un ejemplo perfecto para tu libro: cuando una mujer construye para otras mujeres con empatía, honestidad y visión, crea algo que trasciende lo comercial y deja un legado. Rare Beauty no solo se ve bonita: hace sentir bonita a quien la usa. Y eso es lo que ellas buscan: verse bien por fuera y sentirse bien por dentro.

CAPÍTULO 4

LA EXPERIENCIA DE COMPRA A ELLA LE IMPORTA

- Por qué la experiencia de compra es tan importante como el producto mismo.

- Cómo diseñar una tienda *online* que conquiste la confianza y los sentidos de la mujer.

- Qué detalles hacen que una compradora se quede, recomiende y regrese.

- Cómo optimizar tus textos, imágenes y procesos para convertir clics en conexión.

- Estrategias simples para transformar cada interacción en una historia memorable.

Una mujer no solo compra un producto: vive una experiencia. Cada color, palabra, imagen y detalle es una conversación con sus sentidos. Cuando tu tienda la hace sentir comprendida y valorada, no solo vendes: creas una conexión que perdura. Y eso trae fidelidad.

Ahora viene la parte donde todo cobra forma ante los ojos de la clienta: crear tu tienda *online*. Porque no basta con tener algo bueno para vender. Tienes que presentarlo de forma que una mujer quiera comprarlo. Que entre a tu tienda y diga: "¡Me encanta!", "¡qué *cute*!", "esto es para mí". Y para lograrlo, quiero compartirte cinco claves fundamentales que deben guiar el proceso de configuración y diseño de tu tienda.

1. **Una estructura visual clara, atractiva y coherente**

   Crear una tienda *online* no es simplemente subir productos. Es pensar en cada detalle como si estuvieras recibiendo a una clienta en tu espacio físico. Porque aunque no haya piso ni puerta de cristal, la experiencia es real. Ella va a entrar. Va a mirar. Va a decidir si se queda o se va. Y créeme, una mujer decide eso en cuestión de segundos. Estudios muestran que los usuarios deciden si confían en una tienda *online* en menos de cinco segundos.[14] Todo empieza con lo que ve. Las mujeres somos visuales. Nos enamoramos con los ojos. Queremos que la tienda se vea linda, ordenada, coherente, bien presentada. Y no es superficialidad, es sensibilidad estética. Si entras a una tienda *online* y:

   - las fotos están pixeladas,
   - el banner no tiene sentido,
   - los colores no combinan,

---

14. SORA Partners. (2025). *How to build trust on your website in the first 5 seconds*. *SORA Partners*. Recuperado el 11 de noviembre de 2025, de https://www.sorapartners. com/blog/how-to-build-trust-on-your-website-in-the-first-5-seconds/

• las descripciones están vacías o mal escritas

…la sensación es una sola: esto no me da confianza. Así como no entras a una boutique si el piso está sucio y todo está tirado, tampoco compras en una tienda *online* donde sientes que nadie ha cuidado los detalles. La primera venta se gana con lo que se ve. Lo visual es la antesala de la confianza.

La mujer quiere, tan pronto entre, comprender qué se está vendiendo y cómo lo puede comprar fácilmente. No tenemos tiempo para descifrar tiendas confusas, con menús escondidos o productos sin precios. Queremos claridad, orden y facilidad. En cuestión de segundos, necesitamos saber si esta tienda es para nosotras, qué ofrece, cómo comprar y si el proceso será rápido o complicado. Si en esos primeros segundos no se siente sencillo, cerramos la pestaña. Por eso, desde el primer clic, tu tienda debe responder preguntas como:

• ¿De qué se trata esta tienda?
• ¿Para quién es?
• ¿Qué puedo encontrar aquí?
• ¿Cómo lo puedo comprar?
• ¿Dónde me llega y en cuánto tiempo?

Es necesario una navegación amigable, menús organizados y secciones claras. Cuando una mujer siente que una tienda está hecha para ella, que respeta su tiempo, su inteligencia y sus gustos, la conexión es inmediata. Y si la compra se siente fácil, rápida y sin fricción… entonces no solo compra una vez: vuelve.

2. **Políticas claras como el agua**

Está lo que no siempre se ve... pero se siente: las reglas claras. Las políticas de envío, cambios, devoluciones. Todo eso que muchas quieren esconder o poner con letras pequeñas, cuando en realidad, es lo que más buscamos nosotras al comprar. ¿Sabías que el 67 % de los compradores *online* leen las políticas antes de realizar una compra?[15] Queremos saber qué pasará si algo sale mal, si no me queda bien, si llega tarde, si tengo una pregunta. Y queremos saberlo antes de pagar. No después. Una mujer que confía, compra. Pero una mujer confundida, cancela. Por eso, tus políticas deben ser:

- Transparentes
- Visibles
- Escritas en lenguaje claro y sencillo
- Fáciles de encontrar

Porque no hay nada más poderoso que una clienta que se siente segura. Créeme que la mujer va a leer. Y antes de hacerte un reclamo, ya leyó, ya buscó, ya comparó. Quizás no todas lo hacen, pero la gran mayoría sí. Porque la mujer de hoy no quiere perder su tiempo, ni su dinero, ni su paz mental. Así que si tu política no está clara, te va a llegar una reclamo que pudo evitarse. Y ahí no es culpa de ella... es tuya, por no haberlo explicado bien desde el principio. Por eso es vital que tus políticas

---

15. Webinterpret. (2025, 18 de julio). *Returns in international eCommerce: Offer free and easy returns.* Recuperado el 11 de noviembre de 2025, de https://webinterpret. com/en/blog/international-ecommerce-returns

estén actualizadas y cubran todo lo que pueda generar dudas o conflictos, como por ejemplo:

a. **Tiempos de procesamiento:** ¿Cuántos días te toma preparar una orden antes de enviarla?

b. **Tiempos estimados de entrega:** ¿Cuánto puede tardar según el destino? ¿Hay temporadas de alto volumen?

c. **Inventario en tiempo real:** ¿Qué pasa si alguien compra algo que ya se agotó? ¿Se lo vas a reembolsar o se le notificará cuando vuelva?

d. **Cambios y devoluciones:** ¿Aceptas cambios? ¿Solo por crédito en la tienda? ¿Quién cubre el envío?

e. **Ofertas y promociones:** ¿Tienen fecha de expiración? ¿Se pueden combinar? ¿Aplican solo a productos seleccionados?

f. **Errores en el pedido:** ¿Qué pasa si la clienta recibe algo diferente a lo que pidió?

g. **Política de productos personalizados o hechos a mano:** ¿Se pueden devolver? ¿En qué casos sí, en qué casos no?

No hay nada más poderoso que una clienta que se siente segura.

Mientras más claro esté todo, menos conflictos tendrás. Y no se trata solo de protegerte, sino de demostrar profesionalismo. Porque una tienda que tiene sus reglas bien definidas transmite que sabe lo que hace. Y una clienta que percibe orden, se siente respetada.

3. **Control total del inventario**

Nada de lo antes mencionado, y lo que venga próximo, sirve si ofreces lo que no tienes. Si hay algo que no toleramos como consumidoras, es que nos prometan algo y no lo cumplan. Cuántas veces no hemos ido a un restaurante, nos emocionamos con algo del menú y justo eso... no está disponible. Una vez, se perdona. Dos veces, ya molesta. Y tres, ya no vuelvo. Lo mismo aplica a tu tienda. Si dices que está disponible, tiene que estarlo. Por eso el control de inventario no es un asunto técnico: es un acto de respeto hacia tu cliente. Según estudios de Shopify, los errores de inventario son responsables de hasta el 30 % de las devoluciones o cancelaciones de órdenes.[16] Mantén un sistema que te permita:

- Saber cuántas piezas tienes.
- En qué tallas y colores.
- Reflejar esa información en tiempo real.
- Automatizar alertas cuando te estás quedando sin stock.

Mantener un inventario actualizado no es solo una tarea logística; es parte del compromiso con la experiencia del cliente. Y hay herramientas y estrategias que te permiten hacerlo de forma efectiva:

- **Refleja las cantidades disponibles en tu tienda *online*** en tiempo real, para evitar vender lo que ya no tienes.

---

16. Shopify Staff. (2025, 10 de octubre). *What is an inventory discrepancy? Preventing lost sales – Shopify Blog*. Recuperado el 11 de noviembre de 2025, de https://www.shopify.com/blog/inventory-discrepancy

- **Automatiza alertas de bajo inventario**: configura notificaciones que te avisen cuando llegas a cierta cantidad mínima por producto.
- **Calcula tu "inventario de seguridad"** (*safety stock*). Se sugiere mantener entre el 20 % y el 30 % del inventario para utilizarlo como stock de seguridad.

   Ejemplo con mi tienda *online*: si vendo 400 libros al mes al 20 % 400 x .20 = 80 libros de seguridad

- **Saber cuándo reordenar:** ¿Cómo saberlo? (Ventas diarias x Días de envío que toma en llegar la mercancía) + Inventario de seguridad = Cantidad de Señal.

   Ejemplo con mi tienda *online*: si yo vendo 13 libras al día, a mi editorial le toma 5 días en enviarme más libro y según lo calculado anteriormente, necesito tener mínimo 80 libros como inventario de seguridad…

   (13 libros/día x 5 días) + 80 libros de seguridad 65 + 80 145 (cantidad de inventario que me indica que debo pedir más)

- **Evalúa tus productos por rotación**: no todos los productos requieren el mismo nivel de reposición. Identifica cuáles son tus "fast movers" (los que más se venden) y asegúrate de tener siempre más stock de esos.
- **Revisa tu inventario regularmente**: dedica al menos dos veces al mes a verificar físicamente que lo que muestra tu sistema sea lo que realmente tienes. Todo esto no solo previene errores: transmite profesionalismo. Cuando una mujer entra a tu tienda,

añade su producto favorito al carrito, y completa su compra... espera recibirlo. Si luego le dices que no está disponible, no solo pierdes una venta. Pierdes confianza.

Por eso, llevar el control del inventario no es solo para quienes venden grandes volúmenes: es una práctica saludable desde el día uno. Porque venderle a la mujer con inteligencia es anticiparte, no improvisar.

4. **Una página de venta que... venda**

Y cuando ella llega al producto, cuando ya está interesada, cuando hace clic... ahí empieza el verdadero trabajo de venta. Tu página de producto debe hablar por ti. Debe resolver dudas, inspirar confianza, conectar. ¿Sabías que el 85 % de las personas afirma que las descripciones claras influyen directamente en su decisión de compra?[17] Y que más del 75 % quiere ver múltiples fotos del producto, incluyendo ángulos poco comunes.[18] Una mujer quiere saber:

- ¿Con qué lo combino?
- ¿Para qué ocasión sirve?
- ¿Qué dicen otras mujeres que ya lo compraron?

---

17. ConvertCart. (2025, 26 de mayo). *Product content statistics for e-commerce growth.* Recuperado el 11 de noviembre de 2025, de https://www.convertcart.com/blog/ecommerce-product-page-statistics

18. Retail Technology Review. (2022, 14 de octubre). *75 % of online shoppers rely on product photography to make purchasing decisions.* Recuperado el 11 de noviembre de 2025, de https://www.retailtechnologyreview.com/articles/2022/10/14/75-of-online-shoppers-rely-on-product-photography-to-make-purchasing-decisions/

- ¿Qué talla es la ideal para mí? (presenta una tabla de medidas para que esta mujer no tenga dudas de cuál es el tamaño ideal para ella).
- ¿Cómo se ve realmente? ¿Y cómo es el producto por detrás?
- ¿Cuál es la mejor manera para cuidar este producto?

Porque sí, hasta eso importa. Venderle a la mujer es presentar el producto con honestidad, emoción y claridad. No solo poner una foto bonita. Es mostrarle lo que es, cómo se usa, cómo se siente. Es ayudarla a imaginarse con él, antes de tenerlo en sus manos. Un día estuve a punto de comprar un bañador en una tienda *online* que costaba aproximadamente $200. Veo la foto principal del producto y lo amo. A los segundos, me pregunto cómo es el bañador por la parte de atrás. Ya ustedes saben, uno quiere asegurarse que tenga el estilo con el que me siento cómoda. No veo fotos, ni tampoco veo en la descripción del producto detalles sobre cómo es este bañador. Así que de la misma manera como entré, me despedí con tristeza.

El dueño o dueña de esta tienda *online* acababa de perder una venta fácil (porque de verdad estaba enamorada) de $200 simplemente por no colocar fotos de cómo era el bañador en la parte de atrás ni por colocar una simple oración donde lo describiera. Cuando vayas a subir las fotos de tus productos, presenta todos los ángulos de la pieza, los detalles como botones, *zippers*, telas, ingredientes… detalles que son importantes para que tu cliente se decida y tome la decisión. Para asegurarte que tengas fotos correctas de tus productos, hazte las siguientes preguntas…

1. ¿Mis fotos representan el estilo de mi marca?
2. ¿Se ve claramente lo que vendo?
3. ¿La calidad de la foto muestra confianza?
4. ¿Tomaría una decisión de compra con estas fotos?
5. ¿Cómo se comporta el mercado?
6. ¿Presento variedad de fotos?

Este punto es demasiado importante porque este es el momento donde las personas deciden si añaden el producto en el carrito o no. A continuación quiero presentarte una representación que le enseño a los miembros de mi programa *Ecommerce Avanzado* para que puedan hacer un listado perfecto de sus productos.

FINALMENTE, ESTO ES DE ORO: EL FAMOSO PASILLO PERFECTO

Aunque estés vendiendo digitalmente, sigues teniendo una tienda. Y toda tienda necesita orden. Piensa en las grandes marcas. Zara, Chanel, cualquiera de esas que sabes que te encantan. Ellos no colocan los productos al azar. Ellos estudian por dónde camina la mujer, qué pasillo va a recorrer, qué quiere ver primero. Los productos nuevos casi siempre están en el centro o a la derecha. Los más vendidos, también. Y no es casualidad. Es estrategia. Es psicología. Es experiencia.

Tu tienda *online* necesita eso mismo:

- Sección de "New Arrivals", o "Lo Nuevo"
- Sección de "Bestsellers", o "Los más Vendidos"
- Enlace directo a productos promocionados en tus redes

Ecommerce Avanzado - El Listado Perfecto 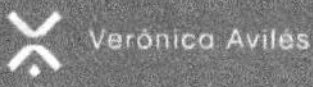 Verónica Avilés

Filtro 1   Filtro 2   Filtro 3

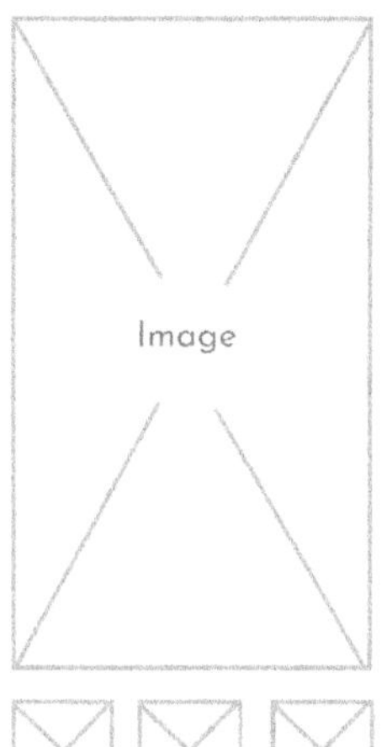

Nombre de Producto

★★★☆☆ 3.5/5 **$29.99**

Hurry up! Only 4 Item left

Add to cart

Descrición Breve
Lorem ipsum dolor sit amet, consectetur adipiscing elit. Morbi blandit vitae urna aisi.

"Bullet Points"
- Lorem ipsum dolor sit amet, consectetur.
- Porta sed semper non, ipsum dolor sit.

Expand ⌄

Descripción Detallada

Lorem ipsum dolor sit amet, consectetur adipiscing elit. Morbi blandit vitae urna a iaculis. Phasellus non ligula mattis, dignissim augue ac, iaculis eros. Nunc congue, libero non consequat ultricies, mauris urna hendrerit nisi.

Reseñas

Lorem ipsum dolor sit amet, consectetur adipiscing elit. Morbi blandit vitae urna a ia.
Username 1
★★★☆☆

Phasellus non ligula mattis, dignissim augue ac, iaculis eros. Nunc congue, libero non.
Username 2
★★★☆☆

Nunc congue, libero non consequat ultricies, mauris urna hendrerit nisi, ac interdum elit.
Username 3
★★★★☆

Productos Recomendados

- Categorías claras y lógicas (por uso, por ocasión, por estilo, por consumidor).

Recuerda, querido lector, una clienta digital no tiene tiempo ni paciencia para navegar entre el desorden. El 42 % de las personas abandona una tienda *online* si no encuentra lo que busca en 3 segundos.[19] Tu tienda no debe parecer un almacén lleno de productos al azar. Tu tienda debe ser un pasillo curado con intención. Una guía suave que le diga: "esto es lo nuevo", "esto te va a encantar", "esto combina con aquello". Así es como ella se queda. Así es como confía. Y así es como compra.

Crear una tienda *online* no es solo lanzar un sitio. Es diseñar una experiencia que refleje tu esencia, pero que esté pensada para ella. Porque si algo he aprendido en todos mis años enseñando *e-commerce* a mujeres es esto: cuando tu tienda está bien hecha, la venta se da sola. Y cuando la mujer siente que puede confiar, ella no duda: ella compra.

LA PRIMERA IMPRESIÓN
ES LA QUE CUENTA

No puedo irme al próximo capítulo sin hablar de esto: el empaque. No es solo lo que vendes, es cómo lo entregas. La experiencia de compra no termina cuando ella paga. Comienza cuando recibe su orden. Y en ese momento, el empaque se convierte en tu carta de presentación. Es el

---

19. Akamai Technologies. (2019). *The State of Online Retail Performance Report*. Akamai. Recuperado el 11 de noviembre de 2025, de https://www.akamai.com/. Google & SOASTA Research. (2017). *The Need for Mobile Speed: How Mobile Latency Impacts Publisher Revenue*. Google. Recuperado el 11 de noviembre de 2025, de https://www.thinkwithgoogle.com/.

primer "contacto físico" entre tu tienda y tu clienta. Y ya sabes lo que dicen: la primera impresión es la que cuenta.

> La experiencia de compra no termina cuando ella paga. Comienza cuando recibe su orden.

¿Sabías que el 72 % de los consumidores asegura que el diseño del empaque influye directamente en su decisión de volver a comprar en una tienda *online*?[20] Y cuando hablamos de mujeres, ese porcentaje es aún mayor. Según un estudio de Dotcom Distribution, el 61 % de las compradoras afirma que se emociona más cuando recibe un paquete con un empaque lindo y personalizado.[21] No es un lujo, es parte de tu *branding*. La mujer que compra contigo no solo está comprando un producto… está comprando una experiencia. Y si esa experiencia comienza con una caja simple, sin identidad, sin mimo, sin cuidado, ¿cómo crees que se va a sentir? Pero si abre el paquete y encuentra:

- Papel seda que combina con los colores de tu marca
- Un *sticker* con tu logo
- Una tarjetita con su nombre y un mensaje corto
- Un aroma leve y agradable
- Una guía de uso o nota de agradecimiento

---

20. Paper and Packaging Board. (2018, 4 de mayo). *New Survey Unveils 7 in 10 Consumers Agree Packaging Design Can Influence Purchasing Decisions. Globe Newswire.* Recuperado el 11 de noviembre de 2025, de https://www.globenewswire.com/news-release/2018/05/04/1496881/0/en/New-Survey-Unveils-7-in-10-Consumers-Agree-Packaging-Design-Can-Influence-Purchasing-Decisions.html.
21. HiddenPathCreative.(2023).*HowProfessionalPackagingDesignAlignswithYourGrowth Goals.* Recuperado el 11 de noviembre de 2025, de https://www.hiddenpathcreative.com/blog/how-professional-packaging-design-aligns-with-your-growth-goals.

...esa compra se transforma en un momento especial. Y los momentos especiales, *se recuerdan y se repiten.*

¿QUÉ TIPOS DE EMPAQUE DEBES CONSIDERAR?

El empaque no tiene que ser costoso para ser memorable. Lo importante es que tenga intención y coherencia con tu identidad de marca. Aquí algunas opciones comunes que puedes adaptar según tu presupuesto y estilo:

- **Cajas con diseño personalizado**: ideales para productos *premium* o de alto precio. Lo bueno de hacer cajas bien hechas, es que los clientes las reutilizan. ¿Cuántos de nosotros guardamos las cajas Apple de nuestros celulares, tabletas o computadoras y ni sabemos por qué? Algunos utilizan estas cajitas para usarlo de portalapicero o hasta para los *post notes.*

- **Bolsas compostables o kraft**: si tu marca promueve sostenibilidad. Cada vez más consumidores consideran la sostenibilidad como un factor de compra importante. El 85 % de los consumidores globales han tenido en cuenta la sostenibilidad al comprar en los últimos cinco años.[22] Además que puedes

---

22. EY. (2021). *Make sustainability accessible to the consumer* [Informe]. Recuperado el 11 de noviembre de 2025, de https://www.ey.com/en_us /insights/consumer-products/make-sustainability-accessible-to-the-consumer Simon-Kucher & Partners. (2021). *The Global Sustainability Study 2021* [Estudio]. Recuperado el 11 de noviembre de 2025, de https://www.simon-kucher.com/en /who-we-are/newsroom/recent-study-reveals-more-third-global-consumers-are -willing-pay-more.

crear una oportunidad para tu marca; es un factor para promoverte.

- **Papel de seda "tissue paper"**: fácil de usar, económico y estético.
- *Stickers* **con logo o frases de tu marca**: un detalle visual que genera reconocimiento. Estos "stickers" pueden estar acompañados con llamados a la acción para dejarle saber a tu cliente cuál es el próximo paso. Seguirte en redes, aprovechar un descuento si vuelve a comprar, etc.
- **Tarjetas de agradecimiento**: puedes incluir un descuento para su próxima compra; pero mejor aún si es un mensaje empático que provoque una conexión especial entre el cliente y tú. Detalles que hacen la diferencia.
- **Elementos sensoriales**: aroma suave, texturas, colores suaves... todo lo que active emociones.

No debes de tener el empaque más caro del mercado, pero sí debes tener el empaque más alineado con tu cliente; porque eso es lo que ella nota: el esfuerzo, el cuidado, los detalles. No está esperando que seas "la tienda perfecta". Está esperando que seas tú. Que se note que pensaste en ella. Que quisiste hacerla sonreír. Al final, no es solo un paquete. Es una oportunidad más para enamorar y volver a vender.

HISTORIA INSPIRADORA #4

SARA BLAKELY, SPANX

La mujer que creó una nueva categoría... y la vendió como ninguna otra

Cuando Sara Blakely tenía 27 años, trabajaba vendiendo máquinas de fax de puerta en puerta. No tenía un título en negocios, ni inversionistas, ni conexiones en la industria de la moda. Solo tenía una idea, y una necesidad real como mujer: quería usar pantalones blancos sin que se notara la ropa interior. Lo que hizo fue recortar los pies de unas pantimedias y crear una especie de "faja moderna". Así nació Spanx, con solo $5000 de sus ahorros... y una determinación inquebrantable.

Lo que Sara creó no fue solo una prenda. Fue una categoría nueva en el mercado: la ropa interior moldeadora que fuera cómoda, invisible y pensada desde la experiencia real de la mujer. Ella sabía cómo se sentía una mujer al probarse ropa que no le favorecía, al verse en el espejo buscando cómo disimular el abdomen o levantar la figura sin sentirse incómoda. Esa empatía fue su arma secreta.

Aunque Spanx empezó vendiéndose en tiendas físicas, su expansión al mundo digital fue brillante y estratégica. Desde su sitio web oficial, Sara comenzó a educar al mercado sobre lo que era una faja moderna —algo completamente nuevo en su momento— y cómo usarla. Publicaba fotos reales, antes y después, consejos prácticos y mucho *storytelling* emocional. No vendía solo un producto: vendía confianza, comodidad, feminidad. ¿El resultado? Una mujer que sin inversionistas logró construir una empresa valorada en más de 1200 millones de dólares, y que eventualmente se convirtió en la multimillonaria más joven del mundo hecha a sí misma, según Forbes.

Sara fue pionera en entender que para venderle a la mujer moderna había que hablarle claro, sin vergüenza, sin edulcorar. Y eso hizo desde el día uno. No solo usó plataformas digitales para vender, sino también para crear conversación, comunidad y confianza. En 2010, Spanx lanzó su *e-commerce* con fuerza, apostando por el crecimiento directo al consumidor. Desde entonces, el canal digital se convirtió en parte clave de su estrategia: con lanzamientos, promociones exclusivas, contenidos educativos y hasta empaques divertidos que generaban una experiencia desde el momento en que llegaba el paquete a la puerta de casa.

Hoy, Sara Blakely no solo es reconocida por su éxito, sino también por su misión: empoderar a las mujeres a través de lo que visten y de lo que hacen. Ha donado millones a causas que promueven el emprendimiento femenino, y su historia es prueba de que una buena idea —bien ejecutada y bien comunicada— puede cambiarlo todo. Sara no solo vendió ropa interior. Vendió autoestima. Y lo hizo entendiendo el cuerpo, la mente y el corazón de la mujer que tenía frente a su pantalla. Porque eso es venderle a ELLA.

CAPÍTULO 5

VÉNDELE A ELLA

- Cómo crear mensajes que conecten con su mente, toquen su corazón y despierten su deseo de comprar.

- Por qué toda venta auténtica nace de la empatía y se consolida con confianza.

- Estrategias para comunicar valor sin presionar, enseñar sin aburrir y vender con propósito.

- Cómo transformar tus redes sociales en espacios de conexión emocional que inspiran decisiones reales.

- El arte de construir relaciones que perduran mucho después de la primera venta.

Venderle a una mujer no es una transacción, es una conversación. Ella no busca marcas que le hablen de productos, sino que le hablen a su vida. Cuando tu mensaje nace de la empatía, dejas de competir por atención y comienzas a ganar el corazón, ¡y allí se genera la venta más poderosa!

Ya tienes tu tienda *online* armada, los productos elegidos, el proveedor confiable y una experiencia visual diseñada para que ella diga "me encanta". Ahora toca dar el siguiente gran paso: vender. Pero no se trata de venderle a cualquiera. Se trata de venderle a ella. Porque si ya sabemos que la mujer es la compradora número uno del mundo, entonces es a ella a quien debes entender, escuchar y cautivar.

Venderle a una mujer no es empujar un producto. Es hablarle, es conectar, es saber dónde está, cómo piensa, qué siente y qué necesita. Todo lo que hagas desde ahora, un anuncio, email, publicación, historia, debe partir de una sola pregunta: ¿para quién es esto? Y la respuesta debe estar tan clara como tu intención: para una mujer específica. Así es que debes preguntarte...

1. ¿Quién es ella?

La primera estrategia de marketing para tu tienda *online* no tiene que ver con publicidad ni con redes sociales. Tiene que ver con conocerla. Y para conocerla, tienes que hacerte las preguntas correctas. Cuando hacemos este ejercicio, son muchos los estudiantes que me preguntan "¿cómo contesto estas preguntas si nunca he tenido clientes?"; y esta es mi respuesta: "Quiero que pienses como cuando te preguntan '¿Cómo sería tu pareja ideal?'". Quizá ahora mismo no tienes la respuesta, pero te la imaginas cómo se verá físicamente, cómo quieres que te trate, cuál es el nivel adquisitivo que te interesa, sus gustos, cualidades, si será familiar o no…y así sucesivamente.

Esto mismo sucede con tu "ella". Tú puedes crearla, imaginarla… la manera en presentar tu producto, será específicamente para ella. Recuerda, no podemos venderle a todas. Y todo el que me lee tendrá un "ella" diferente. Ahora que ya te expliqué el concepto, quiero que pienses en tu "ella" ideal contestando estas preguntas…

1. ¿Cuándo compra? ¿Es de las que hace *shopping online* en la noche, después de poner a dormir a los niños?

2. ¿Dónde compra? ¿Amazon, Zara, Etsy, tiendas locales, boutiques en Instagram?

3. ¿Qué compra? ¿Es fit? ¿Ama el maquillaje? ¿Compra *eco-friendly*?

4. ¿Qué auto conduce? Esto te daría una pista de su nivel adquisitivo y estas marcas podrías usarla como intereses potenciales al momento de hacer tus anuncios.

5. ¿Qué come? ¿Es vegana? ¿Come saludable o es todo terreno como yo, que me encantan las calorías?

6. ¿Cuándo come? Identificar estos momentos podría ayudarte a saber cuándo contactarte con ella, cuándo publicar contenido o cuándo enviar ese correo. Probablemente en esa hora de almuerzo tiene el tiempo para navegar por las redes sociales.

7. ¿Qué ropa usa? ¿Prefiere usar ropa más casual, deportiva, profesional?

8. ¿Dónde vive? Esto te ayudará a conocer qué productos ofrecerle. Si vendes bañadores, es muy probable que todo el año le puedas vender a mujeres que viven en

Puerto Rico, mientras que si es de Atlanta, Georgia, quizá habrán unos meses que te dirán: "yo paso".

9. ¿Cuánto está dispuesto a gastar? (Nivel adquisitivo). ¿Podrías incluir hasta tarjetas de crédito que utiliza? ¿Preparación académica? ¿Empleos? ¿Negocios?

10. ¿Se va de vacaciones? ¿Cuán frecuente? Piensa en qué productos utiliza cuando se va de vacaciones, con quiénes se va de vacaciones, a qué países, por cuánto tiempo.

11. ¿Dónde come su familia, qué hacen sus niños durante el día? Recuerda, la mujer es compradora incluso de lo que no consume, es decir de lo que consumen quienes la rodean.

12. Responsabilidades de su esposo (si tiene). Cómo es su esposo, a qué se dedica, que pasatiempos tiene...

13. ¿Qué le preocupa? ¿Qué necesita? Cómo quiere que la traten, cuáles son sus frustraciones y qué soluciones busca. Ella se debe sentir entendida y complacida.

Todo eso importa. Porque no le vendes igual a una mamá soltera de Miami que a una ejecutiva sin hijos en Nueva York. Y si tú no la conoces, otra marca lo hará mejor que tú. Así que conócelo todo: desde su rutina diaria hasta cómo le gusta tomar el café. Y que cada publicación, cada palabra en tus plataformas de promoción, cada estrategia de venta, parezca que fue hecha solo para ella.

OJO: Así como haces una lista de lo que quieres en una pareja, estoy segura que también añades los "NO NEGOCIABLES"; eso que no aceptarías en una pareja: ejemplo, que mienta, que no se comunique, que no valore tu tiempo. También necesitas una lista de lo que NO aceptarás de tus clientas.

Porque tu tienda, tu marca y tu energía no están disponibles para todo el mundo.

> No le vendes igual a una mamá soltera de Miami que a una ejecutiva sin hijos en Nueva York.

Y ya que conoces a la gran protagonista de tu nuestro negocio *online*... estás listo para las próximas recomendaciones.

2. Háblale práctico. Háblale de forma emocional, no técnicamente.

Tu cliente no quiere una clase. Quiere una solución. ¿Por qué ese suero es bueno para su piel? Cómo va ese vestido puesto, ¿con tacones o con sandalias? ¿Le cabe la *laptop* en esa cartera? ¿Ese cepillo sí alisa el pelo rizado como ella quiere? No te vayas por lo técnico en redes sociales. A ella no le importa el voltaje ni los ingredientes. Le importa verse bien, sentirse bien, resolver su problema, hacerlo fácil.

Semanas antes de escribir este capítulo, hablaba con un amigo por teléfono. Le estaba comentando que deseaba tener una cámara, como en los tiempos de antes. Sé que los celulares toman fotos de buena calidad... pero la quiero; quizá es un buen antojo o capricho que me ha dado. ¡Sí, las mujeres no solo compramos por necesidad... también porque simplemente lo queremos! Entonces, él rápidamente comienza a hablarme de códigos, lentes y especificaciones que yo no entendía. Así que lo interrumpo y le digo "no entiendo nada de lo que me estás hablando. Yo simplemente quiero una cámara que tome bonitas fotos y que las pueda pasar rápido a mi teléfono". A lo que me contestó: "OK, te recomiendo esta".

Y así somos las mujeres... la parte técnica (si me interesa) la veré dentro de la tienda *online*. Por ahora, y para sentirme segura de que tengo lo que estoy buscando... háblame de las soluciones que me ofrece, sobre cómo me hará la vida más fácil y cómoda... no solo para mí, sino para los que me rodean.

Uno de los errores que cometen los vendedores de autos se da cuando van a mostrarle un auto a una mujer y comienzan con tecnicismos: caballos de fuerza, tamaño de aros, tipo de motor y otras cosas. Sé que hay mujeres que conocen de todo eso, y para algunas eso es importante, pero hablemos de la mujer promedio. Si ella necesita esa información, te lo va a preguntar.

¡Pero la realidad es que a la mayoría no nos interesa eso! Nos interesa si caben los bultos de los niños en el baúl, si tendremos compartimientos para guardar nuestros maquillajes, si tengo *bluetooth* para conectar la música de mi celular en el auto, si tenemos una pantalla *touchscreen*... y, claro, si tiene buena luz en el interior del auto para que los *selfies* luzcan mejores... mucho mejor.

Al hombre le pasa igual... para ellos un labial rojo es solo uno, nosotras sabemos que existe el *red orange*, el rojo clásico, el rojo pasión, el rojo sangre, y no... no son lo mismo.

Más allá de lo práctico, también está lo emocional. Yo no sé tú, querido lector, pero desde que soy mamá… soy una experta en llorar por problemas que no son míos. Navegar en TikTok y que me salgan videos de reencuentros, rescate de animalitos, bebés diciendo sus primeras palabras… y yo ahí, en modo "llori-party". Y no estoy sola, somos muchas. Las emociones son la puerta de entrada a la compra femenina. Estudios de Harvard afirman que el 95 % de las decisiones de compra se toman de forma emocional antes de justificarlas con lógica.[23] Y más aún: el 92 % de las mujeres recomiendan productos con sus amigas si ese producto las hizo sentir bien.[24]

No fue porque era el más barato o si tenía más funcionalidades. El asunto es que las hizo sentir bien. Vender desde la empatía, comprensión y solidaridad, es una forma de cautivar el corazón de ella. Porque cuando una mujer siente que tú la entiendes, te entrega algo más que una compra: te entrega su confianza. Ella no compra solo lo que necesita. Compra lo que la alivia, lo que la inspira.

Frases como: "esto es para esos días donde necesitas un abrazo", "esto es para cuando quieres sentirte linda aunque estés en pijama", "esto es para ti". Si unimos lo práctico (así es como este producto te va a ayudar) con

---

23. Zaltman, G. (2003, 13 de enero). *The subconscious mind of the consumer (and how to reach it)*. *Harvard Business School Working Knowledge*. Recuperado el 11 de noviembre de 2025, de https://hbswk.hbs.edu/item/the-subconscious-mind-of-the-consumer-and-how-to-reach-it.

24. Ironistic. (s. f.). *Why marketing to women matters more than ever*. Recuperado el 11 de noviembre de 2025, de https://www.ironistic.com/insights/why-marketing-to-women-matters-more-how-to-market-to-women/.

lo emocional (así te hará sentir), es una venta asegurada. Porque cuando conectas con su corazón, ella no lo piensa dos veces: lo compra, lo recomienda, y vuelve por más.

3. Dispuesta a comprar más por una recompensa.

Las mujeres amamos las recompensas. Amamos los regalitos, los detalles, los premios. ¿Cuántas veces hemos añadido una camisa extra solo para que el envío salga gratis? O quizá hemos comprado dos productos solo para recibir el tercero como regalo.

Aquí entra el *marketing* inteligente:

- "Compra $50 y te regalamos una carterita exclusiva".
- "Llévate la crema de ojos gratis si compras el suero y la limpiadora".
- "Un organizador de joyería con compras de más de $40".

La recompensa no solo eleva el valor percibido, también eleva la conexión emocional. En mis eventos, doy el ejemplo del organizador de accesorios para viaje. Les muestro como con cualquier proveedor los puedes conseguir en menos de $2.50... ¡Solo $2.50! Si le dices a una mujer "con la compra de más de $40 en mercancía, te regalaremos tu organizador de accesorios para viaje...". ¿Sabes cuántas mujeres estarán colocando sus productos en el carrito? ¡Sabes que funciona y que todas somos culpables de que estas estrategias funcionen!

No podemos resistirnos.

¿Y que me dicen de la carterita? Esa carterita que le salió a la dueña 0.80 centavos, y nosotras, superenamoradas, estamos listas para comprar lo que sea necesario para llevárnosla.

Otra gran recompensa, son los productos complementarios: quiero darte el ejemplo de productos para la piel. Entraste a una tienda *online* a comprar el suero que amas y necesitas. De momento sale una barra de anuncio (benditas sean esas barras de anuncio, cómo las detesto…). Ahí está ella, diciéndote: si compras la limpiadora, te llevas la crema de ojos. Quizá no necesitamos la crema de ojos, mucho menos la limpiadora, quizá ni las usaremos.. pero la queremos y compramos todo los que nos piden… ¡porque así somos! Así es que siempre colócate en perspectiva: ¿Qué haría yo como comprador? ¿Qué es lo que me gustaría que me ofrezcan? ¿Cuáles y cómo son mis tentaciones al momento de comprar?

Estos regalos no tienen que ser caros. Puedes comprar al por mayor pequeños detalles: toallitas, bolsitas, miniproductos. Algo que diga "pensé en ti". Si vendes accesorios, podrías regalar la toallita para limpiar las piezas, o el organizador que te he mencionado; si vendes jabones, podrías regalar una jabonera…puedes entregar muestras. Cualquier cosa que añada valor.

> Siempre colócate en perspectiva: ¿Qué haría yo como comprador? ¿Qué es lo que me gustaría que me ofrezcan?

No tiene que ser algo costoso. Te sorprenderías de las cosas a bajo costo que puedes regalar y que provocarán que la gente compre más sin tener que dar descuentos ni ofertas. Recuerda: invierte para ganar. No temas en hacerlo; porque si das una recompensa la venta está asegurada.

4. Ofrece ofertas bajo una condición.

Siempre he pensado que para vender más no es necesario vivir dando ofertas. De hecho, si has llegado hasta aquí, ya te habrás dado cuenta de que existen muchas estrategias para aumentar las ventas sin tener que depender del descuento. Podríamos hacer otro libro completo solo de eso. Sin embargo, las ofertas siguen siendo parte importante del mercadeo digital, especialmente en tiendas *online*. Son efectivas, sí, pero hay que saber cuándo y cómo usarlas.

Si no educas a tu clienta desde el principio, la puedes acostumbrar negativamente. Y una clienta malacostumbrada no compra a menos que le pongas el letrero de *SALE* o *Descuento por tiempo limitado*.

Un gran ejemplo de cómo aplicar ofertas con inteligencia lo vemos en marcas como Dunkin' Donuts, que no regalan productos por regalar. Cada año, durante el *National Donut Day*, ofrecen una dona gratis... pero solo si compras una bebida. Y solo ese día. No cuando el cliente quiere, sino cuando la marca lo establece. Esto activa el sentido de urgencia, incrementa el valor del ticket promedio y crea conversación en redes sociales.

Por otro lado, Sephora ha logrado educar a sus clientas para esperar sus descuentos dentro de su programa de fidelidad. No es un 20 % para todas. Es un 10 %, 15 % o 20 % dependiendo del nivel de lealtad. Y solo durante unos pocos días. Así, premian a quienes más compran sin convertir su tienda en una cadena de rebajas eternas. Ambas marcas nos enseñan que las ofertas pueden ser poderosas, pero solo si son estratégicas, exclusivas y bien comunicadas.

La mujer es inteligente, observadora, y sabe cuándo una tienda la quiere atraer por precio y cuándo le están ofreciendo valor. Por eso, si vas a ofrecer un descuento, asegúrate de que tenga una condición. No regales descuentos porque sí. Activa una respuesta más poderosa: el sentido de urgencia y el FOMO (*Fear Of Missing Out*, es decir "miedo a quedarse fuera").

Cuando usas frases como "exclusivo para las primeras 20 órdenes", "solo hasta medianoche", "bono válido por 48 horas" o "regalo sorpresa solo para hoy", no estás devaluando tu producto, estás creando una razón lógica y emocional para actuar rápido. Ella lo entiende. De hecho, lo agradece. A las mujeres no nos gusta sentir que nos perdimos algo que sí queríamos, solo por haber esperado demasiado.

Además, no todas las ofertas tienen que ser descuentos directos. Puedes jugar con ideas como:

- Envío gratis a partir de cierta cantidad de productos o dinero gastado.
- Regalos con la compra de "x" cantidad o más (muestras, accesorios, miniproductos, productos digitales).
- Acceso exclusivo a una comunidad o contenido exclusivo.
- Precios especiales para suscriptoras de tu lista de correos.
- Bonos sorpresa para quienes compren durante el lanzamiento.

Estas ofertas, cuando son condicionadas y bien comunicadas, no solo aumentan las ventas: aumentan percepción de marca. Educan al cliente. Posicionan tu tienda. Y, sobre todo, le hablan directamente al corazón estratégico y emocional de la mujer.

5. SI LA EDUCAS O LE MUESTRAS RESULTADOS, ¡LO QUIERE!

Si ella lo ve... y lo entiende... y ve que funciona... lo quiere. La educación es una de las estrategias de ventas más poderosas. Si tú le enseñas cómo usar el producto, si le muestras que a otra mujer le funcionó, ella lo va a querer. No importa si ya tiene algo similar, quiere más.

Quiero que hagamos un ejercicio... Piensa en esa área donde tienes tus maquillajes guardados. Te pregunto: ¿Cuántos labiales tienes? ¿Cuántas cremas para la piel? ¿Cuántos perfumes, humectantes, calzado, "blushes" y carteras tienes? ¿Solo uno?

Estoy segura de que no. Y estoy segura de que esos labiales, *blushes* y humectantes son de distintas marcas. Porque aunque no lo necesitemos, queremos probarlo todo. Queremos usar lo que está en tendencia, lo que nos recomendó una amiga, aquel producto que hablaron en TikTok…

No se trata de cuántos tenemos, lo queremos. Es por esta razón que tú y yo podemos vender maquillajes y a ambas nos van a comprar; siempre y cuando lo mostremos de la forma correcta. Esta mujer querrá probar el tuyo y el mío. ¡Querrá tener ambas marcas! Si le muestras cómo se usa, los resultados que ofrece y lo que otras mujeres opinan de él, lo va a querer y lo va a comprar.

En tu estrategia de promoción, muéstrale:

- Tutoriales de uso
- Antes y despúes
- Testimonios reales
- Comparativas
- Beneficios aplicados a su día a día

Cuando una mujer ve resultados en otra mujer, algo se activa. No es envidia, es inspiración. Es ese pensamiento que dice: *"Si a ella le funcionó, a mí también me puede funcionar".* Esa clienta que sube una historia diciendo que esa crema le iluminó la piel, que ese curso le cambió la mentalidad, que ese vestido le devolvió la confianza… sin saberlo, está vendiendo por ti. Las mujeres confiamos en otras mujeres. Nos guiamos por la experiencia ajena porque queremos minimizar el riesgo. Queremos confirmar que no seremos las únicas en intentarlo.

> Cuando una mujer ve resultados en otra mujer, algo se activa. No es envidia, es inspiración.

De hecho, según Nielsen[25], más del 84 % de las mujeres confía más en recomendaciones de otras mujeres que en anuncios de marca. Por eso los testimonios, las reseñas, los videos de antes y después, los "mira cómo me quedó" o "esto fue lo que me pasó" valen oro. Venderle a la mujer es mostrarle lo que puede pasar *si se atreve*, porque cuando ella ve lo que otra logró, no solo compra un producto: compra una posibilidad.

Cuando hablo de este tema en mis eventos presenciales, muestro una foto de esos nuevos secadores de cabello que tienen muchos dispositivos a conectar para secarte, alisarte o crearte ondas en el cabello. Uso esto de ejemplo para explicar cómo me decidí comprar uno.

La realidad es que me podrás ver muy arreglada en mis videos; pero honestamente no soy muy experta en el arreglo personal. Todo lo que me hago ha sido viendo videos en redes, practicando y muchas veces fallando.

Entonces, cuando veo ese secador con múltiples funciones, automáticamente pienso: "¿Y esa boquilla para qué

---

25. Nielsen. (2021). *Trust in Advertising Study*. Recuperado el 11 de noviembre de 2025, de https://www.nielsen.com/insights/2021/beyond-martech-building-trust-with-consumers-and-engaging-where-sentiment-is-high/

se usa? ¿Y esta otra? Pero… ¿cómo hago para que la onda me quede más cerrada o más abierta?". Hasta que encontré un video donde la creadora de contenido te explicaba detalladamente desde cómo dividir el cabello, cómo secarlo y luego cómo colocar tus brazos y sostener el secador para que las ondas salieran en la dirección correcta. Fue en ese momento que se convirtió en una posibilidad comprar aquello que pensé que no debía, y todo porque no lo sabía utilizar. La negativa se convirtió en la probabilidad de "pienso que sí podría lograrlo".

Honestamente, si no fuera por ese buen tutorial, no lo hubiese comprado. Luego de ver ese video, comienzo a deslizar por el TikTok, y el algoritmo comienza a mostrarme más ideas, más resultados de cómo otras mujeres utilizan ese secador, y es en ese momento que me decido con confianza a obtenerlo.

¡Busca la confianza!

Contratar o colaborar con un creador de contenido, podría ayudarte a darle la confianza a tu posible cliente para conocer tu producto, conectar con tu marca y comprar. Ya no se trata de *influencers* con millones de seguidores. De hecho, desde el 2024, los *nanoinfluencers* (*influencers* con menos de 10 000 seguidores) han sido los que se han encontrado en tendencia. Son fácil de contactar, el algoritmo de las redes sociales se porta demasiado bien con ellos, tienen una comunidad bien leal, y en ocasiones sus costos por servicio de promoción no son altos.

Pero más allá de los *influencers,* los creadores de contenido se han quedado con todo. De una manera más orgánica y menos "aesthetic", han provocado una conexión con sus comunidades donde su objetivo ha sido compartir su día a día. Lo hacen de forma bien humanizada, y le dan a entender a su comunidad que ellos no tienen exposición en redes sociales para ofrecer productos de marca (como lo hicieron por mucho tiempo los *influencers*) y que si lo hacen es porque realmente utilizan y recomiendan los productos.

Recuerdo una temporada donde veías 5 a 7 *influencers* promoviendo un producto de "x" marca al mismo tiempo. Las personas ya sabían que lo promovían no porque lo utilizaban, ni porque realmente les brindaba resultados, sino porque era su manera de generar ingresos, y esa ha sido la gran diferencia. Siempre recomiendo la estrategia de los *nanoinfluencers* o creadores de contenido a aquellos que están comenzando y quieren un impulso de ventas y seguidores en su tienda *online*.

Quiero dejarte con esta idea: vender no es convencer, es acompañar. Cada vez que enseñas, inspiras o recompensas con propósito, le estás diciendo a esa mujer "entiendo lo que necesitas, y estoy aquí para servirte".

No se trata solo de cerrar una venta, sino de abrir una relación. Cuando una mujer confía en ti, no te compra una vez: te elige siempre. Y ahí es donde tu negocio deja de ser una tienda y se convierte en una marca que transforma vidas.

HISTORIA INSPIRADORA #5

EMILY WEISS

Cómo una comunidad convirtió una marca en un movimiento

Te voy a contar una historia que me encanta, porque demuestra cómo una marca puede pasar de hablar *a* las mujeres, a construir *con* ellas.

Antes de ser un imperio del maquillaje, Glossier era solo un blog llamado *Into the Gloss*, creado por una joven llamada Emily Weiss. Ella no empezó vendiendo nada; empezó escuchando. En su blog entrevistaba a mujeres reales sobre sus rutinas, sus inseguridades, sus trucos de belleza. No vendía productos, vendía confianza.

Poco a poco, esas conversaciones se convirtieron en una comunidad. Y cuando Emily decidió lanzar su propia línea de belleza, no necesitó grandes campañas. Ya tenía algo más poderoso: mujeres que confiaban en ella, que sentían que esa marca las representaba.

Las clientas no compraban un producto: compraban una filosofía. Glossier no decía "así es como debes verte", decía "así como eres, estás bien". Y esa diferencia cambió el juego.

En lugar de *influencers* con millones de seguidores, Emily apostó por sus propias clientas. Les pedía fotos, reseñas y videos; es decir, les daba espacio para contar su historia. Cada comentario era una excelente pieza de marketing y cada *selfie* se convirtió en una recomendación real.

El resultado fue impresionante: sin tiendas físicas ni grandes presupuestos, Glossier creció gracias al poder de una comunidad que se sentía parte del proceso. Su estrategia no fue vender más, sino involucrar y conectar.

Eso es lo que ocurre cuando una mujer siente que una marca la escucha y la valora, no solo compra... sino que se queda, comparte y recomienda.

CAPÍTULO 6

CONQUISTA SU DECISIÓN

- Cómo convertir la conexión emocional en decisiones reales de compra.

- Estrategias para educar, inspirar y vender sin ofrecer descuentos constantes.

- El poder de las recompensas inteligentes y las promociones con propósito.

- Cómo usar el contenido, los testimonios y los creadores digitales para generar confianza.

- Técnicas para transformar seguidoras en embajadoras que recomienden tu marca con orgullo.

La venta no termina cuando ella agrega al carrito: ahí es donde realmente comienza tu trabajo, ya que conquistar su decisión no es cuestión de suerte, sino de estrategia y confianza. Ella no compra por impulso, compra porque siente que la entiendes y que cumples lo que prometes. ¡Ella conoce el valor de una promesa!

Ahora que conoces a tu "ella", que sabes cómo hablarle, cómo emocionarla y cómo hacer que se sienta vista, viene la parte que muchas emprendedoras temen, pero necesitan dominar: lograr que esa conexión se convierta en acción. Porque sí, la emoción abre la puerta, pero la estrategia la mantiene abierta. Ahora te mostraré cómo transformar el interés en compra y las seguidoras en clientas fieles. Nos toca vender sin miedo, sin rebajar nuestro valor y sin dejar de ser tú. Recuerda que conquistar su decisión no se trata de presionar... sino de inspirar.

Y ahora vamos... ¡paso a paso!

LA ESTRATEGIA QUE PENSABAS QUE NO TE IBA A ENTREGAR

Son muchas las mujeres que se meten en la cabeza que no podrán lanzar su negocio *online* porque no tienen seguidores. Mi respuesta es siempre la misma: ¿cómo esperas tener una comunidad si ni siquiera comienzas? A veces pienso que las personas ven mis +120 000 seguidores en redes y creen que un día dije "quiero ser educadora", y *boom*, apareció la comunidad. Pero la realidad fue muy distinta. Aún recuerdo que en mis primeros "en vivo" solo se conectaban dos personas: mi hermano y mi esposo. Y muchas veces, mientras hablaba de *e-commerce*, no había nadie al otro lado. Lo viví. Lo lloré. Pero no me detuve.

Porque eso no es para siempre. Es la constancia, la claridad y el mensaje correcto lo que te permitirá conectar con más personas cada día. No necesitas ser famosa para comenzar. Necesitas comenzar para que un día te vuelvas reconocida por lo que haces. Y sí… te aseguro que con una buena estrategia, incluso comenzando desde cero, puedes lograr resultados. ¿Te parece si te comparto la estrategia?

LANZAMIENTO ESTRATÉGICO: ¡VENDE DESDE EL DÍA UNO!

(aunque tengas 0 seguidores, 0 experiencia, 0 ventas)

Olvida la creencia de que para vender necesitas miles de seguidores: lo que realmente necesitas es una estrategia poderosa y efectiva. Una de las más inteligentes cuando estás empezando es lanzar tu tienda con un concurso *online.* Los concursos no solo generan emoción y curiosidad, sino que crean confianza, viralidad y conexión con tu audiencia desde el primer día. No es una táctica improvisada: el 45 % de los profesionales de marketing digital coinciden en que los concursos tienen un muy buen retorno de inversión (ROI). En promedio, más del 34 % de los nuevos clientes se adquieren mediante este tipo de campañas, y las cuentas de Instagram que los utilizan crecen un 70 % más rápido que las que no lo hacen.[26]

Los beneficios tangibles de un concurso bien estructurado son impresionantes: creces tu base de datos, ya que los participantes dejan su email o datos de contacto (y recuerda que esto sí te pertenecerá, algo de lo que

---

26. Outgrow. (s. f.). *Outgrow – Interactive content marketing platform.* Recuperado el 30 de junio de 2025, de https://outgrow.co

hablaremos más adelante); aumentas la interacción, ya que estas publicaciones generan hasta 64 veces más comentarios que una publicación normal, presentas tu marca y productos, sin necesidad de ventas agresivas; y consigues seguidores genuinamente interesados. Sabes que esto de los seguidores es lo menos que me importa.

> Olvida la creencia de que para vender necesitas miles de seguidores: lo que realmente necesitas es una estrategia poderosa y efectiva.

En mi programa educativo tengo estudiantes con menos de 7000 seguidores, generando más de $30 000 dólares al mes; porque cuando hay una estrategia clara, los seguidores (que no te pertenecen) es lo menos importante. Un estudio de Outgrow revela que los concursos alcanzan una tasa de conversión casi del 34 %, muy por encima del contenido habitual.[27] Así que si estás mirando tu pantalla y sientes miedo porque "no tienes nada", recuerda: esa puede ser tu gran ventaja estratégica.

A continuación quiero presentarte un plan para que desarrolles tu primer concurso *online*. Primero te entregaré la estrategia y luego te daré la aplicación de conceptos con un buen ejemplo.

---

27. Outgrow, *Outgrow – Interactive content marketing platform*.

PASO 1: DEFINE TU OBJETIVO ESPECÍFICO

Antes de comenzar, establece claramente cuál es el objetivo que deseas lograr con el concurso. Puede ser aumentar la visibilidad de tu tienda, generar interacción con tu audiencia, captar nuevos clientes o promocionar un nuevo producto; aunque la realidad es que un buen concurso *online* te ayudará a cumplir con varios objetivos a la vez, es decir todos se llevan de la mano. Al tener claro el objetivo, podrás diseñar el concurso de manera efectiva.

Responde:

- ¿Quiero crecer mi base de datos de correos?
- ¿Quiero ganar seguidores?
- ¿Quiero dar a conocer un producto?
- ¿Quiero probar la respuesta del público?
- ¿Quiero visitas en mi tienda *online*?
- ¿Quiero dar a conocer la marca?

El objetivo definirá todo lo demás: premio, reglas y promoción.

PASO 2: ELIGE EL PREMIO CORRECTO

Existen diferentes tipos de concursos que puedes realizar en tu tienda *online*, como sorteos, comentarios en las fotos, concursos de creatividad, entre otros. Considera cuál se ajusta mejor a tu objetivo y a tu audiencia. Pero, por favor, asegúrate de que sea fácil de participar y comprender las reglas. Aquí te entrego unos ejemplos...

- Si vendes productos de limpieza para el hogar: un kit exclusivo con tus productos estrella.
- Si vendes juguetes o productos para niños: un set de juegos educativos y creativos + una tarjeta de regalo sorpresa para una futura compra (ideal para generar recompra).
- Si vendes artículos para mascotas: un servicio incluido de "pampering" (mimos o cuidados especiales para consentir a la mascota) junto con tu producto más vendido.
- Si vendes productos de cocina o repostería: un kit para hornear o cocinar (con tus productos estrella) + un recetario exclusivo descargable hecho por ti o en colaboración.

Un buen premio atrae, un mal premio distrae.

PASO 3: DEFINE CÓMO SE PARTICIPA

No coloques premios que la gente no quiera (o para salir de un inventario). Asegúrate de que el premio sea relevante y atractivo para tu audiencia. Esto puede ser un producto o servicio de tu tienda, un descuento exclusivo, una experiencia única, o cualquier otro incentivo que genere interés y emoción entre los participantes. Hazlo fácil, pero estratégico.

No puedo con los concursos en redes que te dicen: etiqueta a cinco amigos, dale *like* a esta y esta y esta otra cuenta, luego haz un video en tus historias sobre esto y lo otro y etiquétanos. Luego entra a la tienda y regístrate en "x" lugar. Con solo mirar la cantidad de instrucciones me desanima de participar.

Aquí te dejo algunas reglas que podrías aplicar... No tienes que usarlas todas a la vez.

- Seguir tu cuenta (crecimiento de seguidores).
- Comentar y mencionar a 2 amigas (visibilidad viral).
- Suscribirse a tu *newsletter* (crecimiento de base de datos).
- Compartir en historias con mención (prueba social inmediata).

TIP PODEROSO: Incluye siempre el correo electrónico como requisito para que el concurso te ayude a vender después.

PASO 4: DISEÑA LA IMAGEN O VIDEO QUE MUESTRE EL MENSAJE CLARO

Una buena estrategia puede pasar desapercibida si no la comunicas de forma visualmente atractiva. Tu diseño es la primera impresión que tendrá tu audiencia del concurso, y debe explicar en segundos de qué se trata, cómo participar y por qué es emocionante. Aquí no se trata de ser diseñadora gráfica profesional, sino de saber mostrar tu mensaje con claridad e intención. ¡Que esto no sea excusa para no hacerlo! Existen plataformas como Canva, que tienen plantillas que te harán la vida más fácil. Recuerda: lo que no se entiende, no se comparte.

A continuación te doy los elementos clave que debe tener tu imagen o video para que impacte.

- Usa una plantilla que luzca acorde a la marca.
- Coloca el premio en el centro.
- Incluye la fecha del sorteo y cómo participar en 3 pasos.
- Agrega un llamado a la acción:
- "¡Participa ya y haz crecer tu estilo con nosotras!".

Recuerda: una imagen clara vale más que mil instrucciones.

> Recuerda: lo que no se entiende, no se comparte.

PASO 5: PROMOCIÓNALO CON INTENCIÓN

No basta con tener un buen concurso: necesitas que la gente lo vea. Muchas emprendedoras cometen el error de publicar una sola vez y esperar resultados, pero esto no se trata de suerte, se trata de exposición y consistencia. Promocionar con intención significa usar todos los canales que tengas disponibles —aunque sean pocos— de forma estratégica. Recuerda: no se trata de tener una gran audiencia, sino de activar la que tienes, por pequeña que sea. Lo que vas a ofrecer será tan bueno, que las mismas personas se encargarán de compartir tus publicaciones y regar la voz. Aquí te muestro cómo hacerlo de forma efectiva.

- Publica el anuncio en el *feed* y las historias.
- Envía un correo electrónico a tu lista (aunque tengas 10 personas).
- Entra a grupos privados de Facebook.
- Atrévete a usar tus redes personales para que sean tus familiares y amigos los primeros en compartirlo.

Consejo: sugiero que la duración del concurso sea de 5 a 7 días.

PASO 6: ESCOGE A LA GANADORA CON TRANSPARENCIA

Una de las claves para construir una marca confiable desde el día uno es la transparencia. Cuando llega el momento de elegir a la ganadora, debes hacerlo de forma clara, pública y justa. Este paso no solo valida tu concurso, sino que también fortalece la credibilidad de tu marca. Las personas observan cómo manejas este tipo de acciones, y eso impacta directamente en su decisión de seguirte o comprarte más adelante. Aquí te explico cómo hacerlo de forma sencilla y profesional.

- Usa una herramienta como Comment Picker, Easypromos... (existen muchas alternativas)
- Haz el anuncio en vivo o grabado.
- Agradece públicamente a todas las participantes.

Esto genera confianza y emoción para tus futuros lanzamientos.

PASO 7: DAR SEGUIMIENTO

Aquí es donde muchas emprendedoras se detienen... y pierden una gran oportunidad. El verdadero poder del concurso no termina al anunciar la ganadora. De hecho, *aquí es donde comienza la estrategia de ventas. ¿Por qué?* Porque ahora tienes una audiencia activa, interesada y conectada contigo. Si das un buen seguimiento, puedes transformar participantes en compradoras y curiosas en clientas leales. En este paso te muestro cómo aprovechar ese momento para continuar creciendo.

- A las que participaron: envíales un email con un regalo especial (cupón, guía gratuita, envío gratis).
- A la ganadora: envíale el premio rápido y pídele una foto/testimonio.
- Se más activa en redes sociales y documenta el proceso de la preparación y entrega del regalo.

Aquí es donde el concurso se convierte en estrategia de ventas.

Ya que tienes de forma teórica los pasos para crear un concurso *online*; ya estás listo para que usemos un ejemplo práctico. Quiero que imagines que tenemos una tienda *online* de accesorios; específicamente joyería femenina. Nuestro objetivo principal será dar a conocer la marca y nuestros productos. Lo que queremos es invertir en un gran regalo para que poder ganar. Qué te parece si a este concurso le llamamos "Adivina y Gana". Aquí los pasos de cómo lo haríamos realidad…

- Objetivo principal: dar a conocer la marca y nuestros productos.
- Premio: un organizador de joyería para el hogar. ¡No será un miniorganizador! Será algo que llamará la atención. La inversión podría ser de treinta dólares, pero estamos seguros que el retorno será de 10 veces más.
- El reto es que adivinen cuántas piezas hay.
- Reglas: para participar, deben seguir tu cuenta en Instagram, etiquetar dos amigas y dejar su respuesta.
- Diseño: muestra una foto con varios productos (como joyería en un organizador) o (mi idea favorita) un video que muestre este organizador 360 grados, vuelta redonda, donde se vea al detalle lo grandioso y espacioso que este organizador.
- Promoción: se harán de 3 a 4 versiones diferentes de videos para explicar el concurso, mostrar el premio y explicar cómo se seleccionará el ganador.
- Elige una ganadora al azar entre quienes respondieron correctamente usando una aplicación.
- Seguimiento: se documentará el proceso de preparar el regalo y el envío por correo; y tendremos un plan de contenido posconcurso.

Ya puedes notar que un concurso bien pensado no es solo divertido: es una estrategia poderosa para lanzar, conectar y vender. En este ejemplo, aplicamos cada paso con intención: desde el objetivo claro, el premio que guste y llame la atención, el diseño que comunica, hasta la promoción y el seguimiento que generan resultados. Y lo mejor de todo es que este tipo de acción está al alcance de cualquier dueño de una tienda *online*, sin importar si está empezando o ya tiene tiempo.

> Un concurso bien pensado no es solo divertido: es una estrategia poderosa para lanzar, conectar y vender.

LA MUJER YA NO ESPERA SU MOMENTO, ¡LO ESTÁ CREANDO!

Ya no estamos vendiéndole a la mujer de antes. Y eso es lo primero que toda marca debe reconocer. Hoy la mujer vive una etapa distinta, una era donde tiene más herramientas, más autonomía y mucha más información para decidir. Compra porque entiende su necesidad, porque ha investigado, leído reseñas, comparado precios y visto tutoriales. De hecho, más del 70 % de las mujeres consumidoras se consideran "compradoras informadas", según *Think with Google*.[28] Y no solo eso: el 85 % de las decisiones de consumo están en sus manos,[29] pero lo curioso

---

28. Think with Google. (2019). *How women are shaping the future of shopping*. Google Inc. Recuperado el 11 de noviembre de 2023, de https://www.thinkwithgoogle.com/intl/en-gb/marketing-strategies/search/how-women-are-shaping-the-future-of-shopping/.

29. Silverstein, M. J., & Sayre, K. (2009, 1 de septiembre). *The Female Economy*. *Harvard Business Review*. Recuperado el 11 de noviembre de 2025, de https://hbr.org/2009/09/the-female-economy.

es que aún muchas marcas le siguen hablando como si no supiera lo que quiere. Como si su criterio necesitara validación. Gran error.

Es aquí donde muchas marcas tropiezan: en la idea equivocada de que "femenino" es igual a "rosa con glitter". El rosa no garantiza ventas. Es un color. Y aunque muchas de nosotras lo adoramos, no representa la totalidad de nuestra identidad. Hoy la mujer ama también los neutros, los tierra, los metálicos, el blanco, el vino, el verde oliva… y sí, el negro. El negro con detalles sutiles, con elegancia, con poder. Personalmente, yo compraría mil veces más si el producto que quiero está disponible en negro, pero con un diseño que aún refleje mi lado femenino.

El problema es que muchas marcas aún piensan que conquistar a una mujer es hacer todo en rosa bebé y añadirle un moño. Pero la mujer de hoy no se define por estereotipos. Y todo esto lo hablaremos en detalles más adelante. Un estudio mostró que más del 60 % de las mujeres se sienten subestimadas por la manera en que las marcas les hablan visualmente.[30] La estética genérica ya no funciona. Queremos opciones, queremos sentirnos representadas. La mujer de hoy quiere productos que no solo sean útiles, sino que se vean como una extensión de su estilo, de su poder, de su esencia.

Y si hablamos de esencia, tenemos que hablar de cómo ha evolucionado la percepción de la edad. Porque

---

30. Kantar. (2019). *Project Diamond: Ad Reaction and Gender Portrayal Study. Kantar Media.* Recuperado el 11 de noviembre de 2025, de https://www.kantar.com/inspiration/advertising/what-women-want-from-advertising.

sí, los 60 son los nuevos 50. Y los 50, los nuevos 40. Las mujeres están reescribiendo las reglas. Ya no esperan a "estar listas" para comenzar a vivir. Viven ahora. Compran ahora. Emprenden ahora. Según Nielsen, el grupo de mujeres entre los 45 y 60 años es uno de los segmentos de consumidoras más activos, más leales y con mayor poder adquisitivo.[31] ¿Y sabes lo que buscan? Marcas que no las hagan sentir invisibles. Que no las excluyan con productos o mensajes que solo muestran a chicas de 20 años.

Un gran ejemplo de cómo las marcas están evolucionando para conectar de verdad con la mujer de hoy lo vemos en campañas como *#LikeAGirl* de Always y el movimiento de belleza real de Dove. Always rompió con los estereotipos de fragilidad asociados a la feminidad tradicional y reemplazó los tonos rosa pastel de su imagen con colores más sólidos como el azul marino y el negro, transmitiendo fuerza, confianza y madurez. Con su campaña *#LikeAGirl*, redefinieron una frase que históricamente se usaba de forma despectiva, transformándola en símbolo de poder, cambiando la conversación global y ganando más de 50 premios internacionales.

Del mismo modo, Dove revolucionó la industria de la belleza al rechazar los cuerpos "perfectos" de catálogo y mostrar mujeres reales, de distintas tallas, edades y tonos de piel, apostando por una comunicación que celebra la autenticidad. Ambas marcas no solo cambiaron colores

---

31. Nielsen. (2013). *The Female Economy: A Global Study on Women's Growing Purchasing Power. Nielsen Holdings N.V.* Recuperado el 11 de noviembre de 2025, de https://www.nielsen.com/us/en/insights/report/2013/the-female-economy/.

o modelos de sus anuncios, cambiaron intenciones. Eligieron representar a la mujer real, la de hoy, y con eso lograron lo que muchas aún no han entendido: conectar emocionalmente desde la verdad. Porque cuando una mujer se ve reflejada en una marca, no solo compra… confía. Y esa confianza vale más que cualquier tendencia.

Las mujeres, están invirtiendo en su cuidado personal, en experiencias, en salud, en productos que les faciliten la vida y las hagan sentir bien en cada etapa. Ya no se trata de edad. Se trata de actitud. Y esa actitud es clara: quieren que les hables con verdad, con belleza, con inteligencia. Y quieren ver reflejada su vida actual en cada decisión de compra. Así que, si vas a venderle a ella, no lo hagas desde el estereotipo. Hazlo desde el respeto, la admiración y el entendimiento profundo de quién es la mujer de hoy.

Aquí te presento cinco consejos para que tu comunicación conecte de verdad con ella: háblale como a una igual, reconociendo su etapa, eligiendo tus colores con intención, vendiéndole desde lo que quiere sentir y celebrando su evolución. Porque si hay algo claro es esto: a la mujer de esta nueva era no se le vende, se le conquista.

1. **Escribe como si hablaras con ella, no *sobre* ella.**

   Evita escribir desde la distancia. Usa un tono cercano, directo, auténtico. No le expliques el mundo, compártelo con ella. En lugar de decir "las mujeres necesitan sentirse seguras", puedes plantear "tú sabes lo que es ponerte algo que te hace sentir invencible". Esto crea una conexión de tú a tú.

2. **Evita los clichés de género: no todas aman el rosa ni viven para complacer.**

   Hoy más que nunca, las mujeres se reconocen diversas en gustos, estilos de vida y valores. Reemplaza frases como "porque toda mujer sueña con…" por textos que validen su individualidad: "Si estás en esa etapa donde quieres verte bien *para ti* y no para el mundo, esto es para ti".

3. **Prioriza cómo se va a sentir, no solo qué va a obtener.**

   El beneficio emocional vende más que la característica técnica. ¿Recuerdas que hablamos que el 95% de las ventas son emocionales? No le digas solo que tu producto hidrata o dura más. Dile cómo va a sentirse cuando lo use: "Esto no es solo un suero, es ese momento del día donde te das permiso de cuidarte".

4. **Escribe como si hablaras con ella… no contigo misma**.

   Muchas veces escribimos desde lo que pensamos, sentimos o vivimos nosotras como marcas. Pero para conectar de verdad, hay que cambiar el enfoque: hablarle a ella desde su realidad. Pregúntate:

   - ¿Qué está haciendo cuando ve mi publicación?
   - ¿Cómo se siente? ¿Cansada? ¿Motivada? ¿Agobiada?
   - ¿Qué palabras le harían decir: "¡eso es lo que yo estoy viviendo!"?

   Cuando escribes desde su día a día, desde su etapa de vida, tu mensaje toca el corazón. Mira la diferencia:

   - NO FUNCIONA: "el descanso es merecido" (suena genérico).

- FUNCIONA: "Mientras haces mil cosas al día, esto puede ser tu minuto de respiro y te lo mereces" (ella se siente vista).

5. **Reconoce y celebra su evolución.**

   No escribas para la mujer de hace 20 años. Escribe para la mujer que ha vivido, sanado y crecido. Usa un *copy* que afirme: "Esto no es para la mujer perfecta. Es para ti, que has aprendido a elegirte, sin pedir permiso". Eso conecta más que cualquier estrategia de venta agresiva.

Venderle a la mujer no es solo una acción. Es un arte. Es comprender su mundo y adaptarte a él. Dale razones para quedarse. Ella compra. Pero no compra por presión. Compra por atracción. Tu objetivo es conocerla, mostrarle, educarle, conectar con empatía, mostrarle soluciones y recordarle que tú la entiendes mejor que nadie. Cuando vendes con empatía, estrategia y estilo... no solo tienes ventas. Tienes clientas fieles. Y eso, lector, es la mejor forma de promover y crecer tu tienda *online*.

> Venderle a la mujer no es solo una acción. Es un arte. Es comprender su mundo y adaptarte a él.

HISTORIA INSPIRADORA #6

ANNA WINTOUR

El poder de una visión clara

Anna Wintour nació en Londres en 1949, y desde muy joven tuvo claro su lugar en el mundo: el corazón de la moda. Su estilo, su corte de cabello característico y sus gafas oscuras se convirtieron en símbolos de autoridad, pero detrás de esa imagen firme hay una mente estratégica que ha redefinido lo que significa liderar con elegancia e impacto.

Wintour comenzó su carrera en revistas británicas como Harper's & Queen y luego dio el salto a Nueva York, donde trabajó en medios como Harper's Bazaar y *New York Magazine*. En 1988, fue nombrada editora en jefe de Vogue USA, y desde entonces, ha mantenido ese puesto durante más de 35 años, transformando por completo la publicación. Bajo su dirección, *Vogue* dejó de ser solo una revista de moda para convertirse en una plataforma cultural con influencia global. Fue pionera en colocar celebridades —en lugar de solo modelos— en las portadas, y en descubrir talentos como John Galliano, Alexander McQueen y Marc Jacobs, dándoles el impulso necesario para revolucionar la industria.

Su capacidad para anticipar tendencias, definir estilos y conectar el arte con el comercio la llevó aún más lejos. En 2013 fue nombrada directora artística de Condé Nast, supervisando múltiples publicaciones internacionales y consolidando su influencia más allá de las páginas de una revista. También es la mente maestra detrás del evento benéfico más glamoroso del mundo, el Met Gala, que bajo su liderazgo ha recaudado más de 200 millones de dólares para el Costume Institute del Museo Metropolitano de Nueva York.

Wintour ha demostrado que una mujer con visión clara, ética de trabajo rigurosa y confianza en sus decisiones puede dominar cualquier industria. Ha convertido su pasión por la moda en una fuerza económica poderosa, generando millones de dólares en ingresos anuales para la editorial que representa. Pero más allá de los números, ha sido una arquitecta de cultura, inspirando a miles de mujeres a ocupar espacios de poder, a mantenerse firmes en su estilo y a transformar la creatividad en influencia duradera.

CAPÍTULO 7

LA MUJER QUIERE SER ESCUCHADA... Y ESO VENDE

- Por qué la escucha activa es la herramienta más poderosa para fidelizar a la mujer.

- Cómo transformar las opiniones de tus clientas en oportunidades de mejora y conexión.

- Qué señales, comentarios y silencios revelan lo que realmente sienten tus compradoras.

- Cómo crear sistemas sencillos para recoger feedback y responder con empatía.

- Estrategias para construir una comunidad donde cada mujer se sienta vista, valorada y escuchada.

Escuchar es la estrategia más poderosa del marketing moderno. La mujer no busca marcas que hablen de sí mismas, sino marcas que le pregunten, la comprendan y le respondan. Cada comentario, encuesta o mensaje es una oportunidad para mejorar, conectar y vender con propósito.

Por generaciones, se nos pidió que nos calláramos. Que no opináramos tanto. Que no fuéramos tan emocionales, tan exigentes, tan "complicadas". Pero si las marcas entendieran el verdadero poder de dejar hablar, opinar y participar a la mujer, sabrían que están frente a su mayor fuente de innovación, conexión... y ventas. Hoy, la mujer no solo quiere comprar. Quiere ser tomada en cuenta. Quiere ver su realidad reflejada en los productos, en los anuncios, en los valores de las marcas. Y eso solo se logra cuando se le escucha de verdad. No con una encuesta rápida, sino con una cultura de marca que diga: "Tu opinión importa. Eres parte de esto".

ELLA QUIERE DAR SU OPINIÓN (*FEEDBACK*)

Pienso que las mujeres que hablan... transforman marcas. Muchas veces se piensa que una clienta que se queja es una molestia. Pero yo pienso distinto: una mujer que se toma el tiempo de dejarte un comentario, una crítica o una sugerencia, te está regalando información por la que podrías haber pagado miles en consultoría. Está abriéndote una ventana a su mundo, a sus necesidades reales. Y cuando una marca escucha —de verdad escucha— algo mágico ocurre: mejora. Evoluciona. Sirve mejor.

Según un estudio de Harvard Business Review, las empresas que integran la retroalimentación femenina en sus procesos de diseño e innovación aumentan su satisfacción del cliente en un 35 % y su tasa de recompra en más de un 25 %.[32] Por ejemplo, en el 2018, Nike recibió críticas de miles de mujeres corredoras que afirmaban que sus *leggings* no estaban diseñados para tallas reales. En lugar de defenderse, la marca escuchó. Rediseñaron la línea con más variedad, comodidad y ajuste… y esa colección se convirtió en una de sus más vendidas en el segmento femenino.

¿Y cómo se ve eso en una tienda *online*? Escuchar a tu clienta no es algo que pasa "de vez en cuando". Es un sistema que debes construir con intención, constancia y sensibilidad. Porque en el mundo digital, el silencio no significa que todo está bien. A veces, el silencio es señal de que no diste espacio para que hablen. Si quieres ser diferente y mostrarle a ella que su opinión es importante para tu negocio *online*, aquí te muestro consejos que puedes aplicar desde el comienzo…

1. Automatiza el "¿cómo te fue?"

Después de cada compra, programa un email automático con una pregunta directa pero cálida:

"¿Cómo fue tu experiencia con nosotros? Tu voz puede ayudarnos a mejorar". Incluye un formulario corto o un espacio de respuesta abierta. A las mujeres nos encanta sentir que podemos mejorar lo que otras vivirán luego.

---

32. Harvard Business Review Analytic Services. (2021). *Tapping into the Female Consumer Economy. Harvard Business Publishing.* Recuperado el 11 de noviembre de 2025, de https://hbr.org/sponsored/2021/04/tapping-into-the-female-consumer-economy.

2. Crea un espacio de conversación visible

No escondas las reseñas. Destácalas. Crea una sección en tu tienda *online* del tipo "Esto dicen de [nombre de la marca]" o "Tu opinión es importante para nosotros", donde des la oportunidad de que dejen sus comentarios y así otros puedan ver frases reales de clientas. Esto no solo genera confianza, sino que invita a otras a aportar su voz.

3. Pregunta lo que necesitas saber (sin miedo)

Esta parte es incómoda pero importante. A mí me pasa. Hacer preguntas con el miedo de ver sus respuestas. Es difícil recibir críticas sobre lo que tanto esfuerzo nos ha dado. Pero ¡anímate! Haz preguntas específicas en historias, correo electrónico o en tu grupo VIP:

- ¿Qué producto nuevo quisieras ver?
- ¿Qué te impide comprar ahora?
- ¿Qué detalle te gustaría que incluyéramos en tu próxima compra?

Esto se llama escuchar para diseñar, no para defenderte.

4. Regala valor a cambio de *feedback*

Puedes crear un programa llamado "THE CLUB" o "VIP GROUP". ¿La idea? Que las mujeres que te dan su opinión reciban algo a cambio: acceso anticipado a lanzamientos, descuentos exclusivos o contenido privado. Ellas se sienten valoradas. Tú recibes "insight" real.

5. Analiza con corazón

No leas los comentarios como juicios personales, sino como pistas valiosas. Si varias mujeres dicen que algo se ve distinto en fotos, quizá debes mejorar tu presentación visual. Si te dicen que el empaque no emociona, quizás debas pensar en cómo transformar esa experiencia. No te lo tomes personal. Tómalo profesionalmente.

El "feedback" es un regalo. Una mujer que te habla, te está diciendo "quiero algo mejor de ti". Y tú puedes dárselo. Hay quienes le tienen miedo a las críticas; pero si de verdad quieres crecer, cambia la perspectiva: cada comentario es un acto de confianza. Por eso, escucha sin ego. Recibe sin justificarte. Y transforma lo que te dicen en acción. Cuando tú la escuchas, ella se siente vista. Y cuando una mujer se siente vista, se queda, compra y recomienda. Y tú, como marca, estás aquí para servirle, para entregarle lo mejor. Que tu palabra clave no sea "ventas", sino "abundancia". Abundancia de servicio, de empatía y de propósito.

> El "feedback" es un regalo. Una mujer que te habla, te está diciendo "quiero algo mejor de ti". Y tú puedes dárselo.

LO QUE ELLA HACE... TAMBIÉN HABLA

No todas las mujeres te dicen con palabras lo que piensan. A veces te lo dicen con lo que hacen, o con lo que dejan de hacer, dentro de tu tienda *online*. Cada clic, cada producto que visita, cada carrito abandonado... es información valiosa que te ayuda a entenderla mejor. Una marca que observa con intención es una marca que se afina, que mejora, que crece. Porque los datos no son fríos cuando los usas con empatía. Son señales silenciosas de lo que Ella necesita, espera y siente. Y si aprendes a leerlos como quien escucha un secreto, vas a descubrir cómo servirle mejor, cómo enamorarla más rápido... y cómo venderle sin adivinar.

En el capítulo "Analiza", de mi libro *Crea tu tienda online*, te mostré todo lo que necesitas estudiar en tu negocio *online*: desde los parámetros dentro de tu tienda *online*, redes sociales y hasta anuncios. Mi recomendación es que tan pronto termines este libro, pases a obtener este que te he mencionado. Sin embargo, en este libro, nos dirigiremos sobre cómo analizar los comportamientos que realiza una mujer al momento de comprar en una tienda *online*. Toma notas y úsalo como lista de cotejo. ¡Vamos a ponernos un poco más técnicos!

1. Páginas más visitadas vs. más abandonadas

En tu tienda *online*, algunas páginas reciben muchas visitas, pero no todas generan ventas. Eso es importante analizar. Si un producto es muy visitado pero no se compra, ahí hay una alerta: algo no está funcionando. Shopify te puede mostrar fácilmente cuáles son tus páginas más populares... y cuáles tienen una tasa alta de "rebote" (cuando entran y se van sin hacer nada).

Por ejemplo, tienes una clienta que entra tres veces a ver un bolso, pero nunca la compra. ¿Por qué? Tal vez el precio no está justificado, la descripción no es clara, las fotos no la convencen, o no hay suficiente prueba social (reseñas). Esas visitas repetidas son una forma de decirte: *"Quiero esto, pero necesito más para decidirme".*

La importancia de tener esta información es que podrás ajustar, mejorar lo que ya llama la atención y recuperas ventas perdidas sin necesidad de atraer más tráfico. Solo afinando lo que ya tienes.

2. Tasa de conversión por tipo de producto

Este parámetro es la cantidad de personas que ven un producto y terminan comprándolo. Medir esto te dice qué productos realmente están funcionando y cuáles no. Para poder hacerlo, divide el número de ventas entre la cantidad de visitas que tuvo ese producto.

Ejemplo, si un vestido recibió 100 visitas y se vendió 5 veces, su tasa de conversión es del 5 %. La tasa de conversión óptima puede variar mucho según el tipo de negocio, industria y producto. Sin embargo, según los expertos, una tienda *online*, en promedio, una tasa de conversión del 1 % al 2 % es considerada aceptable. Una tasa de 2 % a 3 % ya es buena. Si estás logrando una tasa de 3 % a 5 % o más, estás por encima del promedio y haciendo algo muy bien.

Si una tienda vende joyería y tiene 3 tipos de productos: aretes, collares y anillos. Al revisar, nota que los collares reciben muchas visitas pero casi no se venden. Mientras tanto, los anillos se venden más. Esa información es clave para saber dónde enfocar promociones, ofertas o rediseñar contenido.

Esta tasa de conversión es crucial porque así no te guías por lo que "crees" que se vende. Te guías por lo que realmente se vende. Y eso te ahorra tiempo, dinero y frustración. Si vendes a mujeres, apunta a mejorar tu conexión, no solo tus cifras. A veces un pequeño cambio en el lenguaje, en la imagen o en el proceso puede duplicar tu tasa de conversión sin necesidad de más tráfico.

3. Correos electrónicos más abiertos y más ignorados

No todos tus correos generan el mismo interés. Algunos se abren más porque el título llama la atención. Otros no, porque se ven genéricos o sin emoción. Unos provocarán que las personas los abran y no los lean, otros que los lean, y otros que los lean y presionen un botón. Plataformas como Klaviyo, Mailchimp, MailerLite o ConvertKit te muestran la tasa de apertura (cuántas personas abrieron el email) y la tasa de clics (cuántas hicieron clic en algo dentro del email).

Quiero que te imagines esto. En una campaña para el Día de la Madre, envías dos correos electrónicos:

- Uno dice: "Ofertas especiales por el Día de la Madre".
- El otro dice: "Tu mamá se merece algo inolvidable (y tú también)".

¿Adivina cuál tiene mejor recepción? Probablemente, el segundo. Porque habla con emoción, no con descuento. De todas maneras hay que estudiarlo, porque si el correo que es más directo: "Ofertas especiales por el Día de la Madre" se lo envías a personas que ya son tu fanático-promotor (el término con el que identificamos al comprador que te ama, te recomienda y compra cada vez que sacas algo nuevo) probablemente, como ya te conoce y tiene una conexión genuina contigo, está listo para saber tus ofertas, ir directo al grano y comprarte.

Si lo enviaras a personas nuevas o compradores que hace tiempo no te visitan, es muy probable que te funcione más el correo más emocional. Aquí te dejo saber que más allá del tipo de correo; es analizar a quién se lo vas a enviar, en qué etapa se encuentra ese prospecto o comprador, pero sobre todo, estudiar qué funciona y qué no; y por qué funcionó y por qué no. Si tus correos no se abren, tu mensaje no llega. Medir esto te permite ajustar el tono, los títulos, y conectar mejor con tu clienta ideal.

4. Tiempos de navegación y comportamiento en la tienda

Me refiero a cuánto tiempo pasan las personas dentro de tu tienda *online* y qué hacen allí. Si entran y se van en segundos, hay algo que no está funcionando. Un mapa de calor te ayudará mucho con esto. Un mapa de calor (heatmap) es una herramienta visual que te muestra cómo las personas se comportan dentro de tu tienda *online*: dónde hacen clic, hasta dónde hacen "scroll" y qué partes ignoran por completo. Piensa en él como una radiografía silenciosa de lo que *ella* ve, toca y evita. Se llama mapa de calor porque usa colores —como en un termómetro— para mostrarte las zonas más activas (rojo, naranja) y las menos activas (azul, gris) de tu tienda *online*.

- **Rojo**: donde más hacen clic o pasan tiempo.
- **Amarillo**: áreas con atención media.
- **Azul o sin color**: casi nadie interactúa ahí.

Con un mapa de calor puedes analizar cosas que, a simple vista, pasarían desapercibidas. Por ejemplo, puedes ver si tus botones de compra están realmente en el lugar correcto —es decir, si tus clientas los están viendo y tocando—, o si simplemente están perdidos en el diseño. También puedes confirmar si están haciendo scroll hasta donde tú crees que está el mensaje importante, o si abandonan la página antes de llegar allí. Incluso te permite detectar si tus imágenes y textos están generando interacción real o si solo están "decorando" sin provocar acción.

Y lo más valioso es esto: puedes identificar productos de interés, elementos que estén distrayendo, confundiendo o desenfocando a la clienta en vez de guiarla hacia la compra. Si notas que muchas personas entran y se quedan solo 3-5 segundos, probablemente tu tienda no está cargando bien, no se entiende de qué trata, o no tiene una promesa clara desde el principio. Si logras que una mujer pase más tiempo dentro de tu tienda, aumentan las probabilidades de que compre. El tiempo es una señal de interés... y también de confianza.

5. Comentarios, reseñas y mensajes privados

Las palabras que las clientas usan al opinar tienen muchísimo valor. A veces te están diciendo lo que necesitan sin que tú se los hayas preguntado. Es por eso que debes revisar tus reseñas, los comentarios en redes sociales, los DMs (mensajes privados), los correos electrónicos que te envían después de comprar. Haz una lista de las palabras más repetidas. Si en muchas reseñas aparece la palabra "cómodo", ya sabes que eso es un valor clave para ellas. Puedes usarlo más en tus descripciones de producto, publicaciones en redes sociales o correos.

> Las palabras que las clientas usan al opinar tienen muchísimo valor.

Recuerda que el uso de estas palabras claves, puedes ayudarte a posicionarte mejor orgánicamente en Google (SEO) y que así nuevas personas puedan encontrarte más fácilmente. Si te dicen "me gustaría que trajeran más colores", ya tienes una idea para un próximo lanzamiento. Lo lindo de esto es que así creas contenido y productos basados en lo que ellas ya están diciendo. No adivinas, solo respondes a lo que ya te están comunicando.

6. Resumen de conversión por orden (mi favorito)

Dentro de cada orden que recibes, hay un área llamada resumen de conversión donde puedes ver los pasos (comportamientos) que hizo esa persona antes de comprar. Puedes ver desde qué red social entró, cuántas veces visitó la tienda y qué hizo justo antes de hacer su pedido. Esta es una de mis estrategias favoritas. Siempre que tengo una nueva orden, es de las primeras cosas que miro, porque me interesa muchísimo, y me da verdadera curiosidad, conocer el recorrido de esa compradora.

¿Qué la convenció? ¿Dónde me vio primero? ¿Qué hizo antes de decidirse? Además de ser fascinante, esto me ayuda a saber qué red social me está funcionando mejor y si mis estrategias de seguimiento, como los correos o los anuncios de remercadeo (anuncios donde impactamos personas que ya han interactuado con nuestras redes sociales, anuncios o tienda *online*), están dando resultados. En otras palabras: cada compra es una historia. Y si la lees bien, puedes repetirla muchas veces más.

¡Alerta! Esto puede impedirte que te conviertas en una *SheCommerce*...

Analizar también es reconocer en qué estamos fallando. Y si queremos venderle con intención a la mujer, necesitamos dejar de repetir errores que nos desconectan de ella. Algunos son técnicos, pero la mayoría tienen que ver con la mentalidad empresarial que muchas cargamos: miedo, perfeccionismo, comparación o la falsa idea de que no tenemos lo suficiente para comenzar.

Aquí te comparto los errores más frecuentes que debes evitar si te quieres convertir en una *SheCommerce* de éxito y cómo corregirlos desde hoy. Esto es lo que yo le llamo en mis eventos presenciales, "los regaños con amor". ¿Estás listo?

ERROR #1: NO CONOCER CLARAMENTE QUIÉN ES LA MUJER QUE TE COMPRA

Como mujeres, dueñas de negocio, una de las características que nos distingue es que somos "bossy" (mujeres con carácter y energía natural en el liderazgo). Somos abiertas a dar opiniones, instrucciones y hacer lo que queremos. Sin embargo, al momento de trabajar tu tienda *online*, debemos bajar la guardia, manejar nuestro ego, nuestros deseos de controlar... y pensar en lo que quiere ella.

Si tu pensamiento es algo como "es mi tienda, es mi esfuerzo, los productos son míos, pondré lo que yo quiera..."; tus posibilidades de éxito son pocas. Recuerda, no eres tú la que compra tu producto. Es ella. Si construyes tu tienda solo con base en lo que a ti te gusta, corres el riesgo de desconectarte. A ti te puede gustar el violeta, pero tal vez a ella le encanta el rojo, el lila, el metálico.

Y ya que estamos hablando de colores, quiero contarte algo que me sucedió creando precisamente el "branding" y el concepto de *SheCommerce*. Para que tengas una idea, mi color favorito, como te mencioné anteriormente, es el negro. Si es por mí, cada portada de mis libros, presentaciones de mis eventos, los artes promocionales y vestidos de mis videos promocionales, serían negros. Y aunque reconozco que somos muchas las que nos encanta el negro, es una realidad que hay otros colores que representan más el mercado femenino.

Si yo quiero atraer una mujer que quiere aprender a vender sus productos y servicios por internet; debo dejarme llevar por el mercado. Claro, es posible crear un concepto con negro que aun así luzca femenino; pero debíamos combinar los colores de mi marca y el mercado con este proyecto.

Al momento de crear mis anuncios para promover mi primer evento *online* de *SheCommerce*, hice videos con distintas piezas y estilos al vestir: ropa casual, ropa cómoda para estar en la casa, vestidos profesionales tipo "business" pero también vestidos que representaban un estilo más tradicionalmente femenino.

En estos videos, no solo juego con los "backgrounds" (algunos videos se hacen en mi escritorio, otras en una butaca, algunos en mi jardín), sino que también acompaño estos videos con tubos de luces usando distintos colores... todo para identificar qué es lo que conectará más con la mujer que desearía aprender sobre este tema y lo que produzca mayor conversión de registros (mujeres interesadas).

Hacer pruebas es fundamental porque incluso utilizar el color rosa como predeterminado ya se ha convertido en un error. Las marcas tienen que entender que no todas las mujeres aman el rosa, y eso está bien. Creo probable que cuando las marcas ofrecen solamente el rosa en sus productos, podrían llevar el mensaje de "no le hemos dedicado tanto pensamiento a esto".

Está comprobado que las mujeres necesitan y quieren ver más opciones. Es por eso que expertos recomiendan que se ofrezca de tres a cinco opciones de colores. Cuando hablé de este tema en redes sociales, fueron muchas las mujeres que dijeron "¡amo el rosa!"; pero fueron otras las que escribieron: me gusta el *nude* (tonos beiges, marrones claros o cremas que imitan el color de la piel), el lila, el rojo, el negro, etc. Aunque el rosa es un color que puede representarnos, son cada vez más las mujeres que prefieren y se sienten identificadas con otros colores.

En cuanto al mensaje para que las mujeres se registren a *SheCommerce*, hice el siguiente ejercicio: ¿cuáles son las objeciones principales que me han dado las mujeres en todos estos años para no comenzar su tienda *online*? Estas respuestas me ayudaron a crear lo que quería decir en los videos, correos electrónicos, publicaciones en redes, en el evento presencial y hasta en este libro.

Créeme, yo conozco claramente quién eres tú como lector: qué necesitas, cuáles son tus miedos, por qué no has comenzado, qué piensas que te falta, cómo deseas aprenderlo... yo te he estudiado por todos estos años y no dejo de estudiarte porque quiero conectar contigo, darte lo que te va ayudar y, claro, venderte. Estudia a tu clienta. Obsérvala. Escúchala. Porque cuando tú sabes quién es, lo que necesita y cómo vive, puedes tomar decisiones desde la empatía y no desde la suposición.

ERROR #2: PENSAR QUE NECESITAS MUCHO INVENTARIO O MUCHOS SEGUIDORES PARA COMENZAR

Este error es paralizante. Creer que necesitas "tenerlo todo listo" es lo que hace que muchas mujeres nunca arranquen. Pero te lo digo con toda autoridad: he visto mujeres crear negocios rentables con un solo producto. Tengo una estudiante que fue premiada con la placa de los $100 000 al año; pues generó no solo eso, sino $400 000 en un año; ya está a punto de llegar al reconocimiento de medio millón y su primer producto fueron… ¡stickers! Tengo otra chica que genera $30 000 al mes y lo que vende es sofrito (mezcla base de condimentos frescos que se usa para dar sabor y aroma a muchísimos platos). ¡Solo sofrito! Pero tu sigues limitando tu conocimiento y tus habilidades.

Probablemente no hay sazón como la tuya, no hay postres como el tuyo, probablemente nadie siembra como tú, nadie escribe como tú, probablemente nadie pinta como tú, probablemente sabes de muchas cosas que mujeres como yo y otras mujeres necesitan pero tú buscas cualquier excusa posible para no comenzar. Lo que necesitas no es volumen, es decisión. Es saber comunicar lo que ofreces con propósito, aunque sea poco. Lanza con lo que tienes. Mejora en el camino.

ERROR #3: DESCUIDAR LA ATENCIÓN AL CLIENTE

Retomando el tema de que somos "bossy"; he visto cómo algunas mujeres piensan "ya las instrucciones están escritas; si no leen, es su problema". Pero recuerda algo… ante una indecisión de un prospecto, el que brinde la mayor y mejor atención, se llevará el cliente.

Un día, una amiga me dijo: "Verónica, estoy cansada de dar las mismas instrucciones de pedido. Es claro, ya lo he dicho, que los días de ordenar productos es este y los días de envíos son estos". Mi respuesta fue: "tú conoces las reglas de tu negocio…porque es tu negocio. Sin embargo, nosotros en las redes no solo vemos tu publicación, vemos cientos de publicaciones adicionales, de distintos nichos. Es imposible que una persona que nunca te ha comprado, pueda recordar cuales son los procesos de compra y pedido de tu tienda *online*".

Existen alternativas para automatizar procesos de atención al cliente, sin embargo el no dar atención al cliente porque consume tiempo, porque da trabajo, porque "ya lo hemos dicho antes" es perder dinero y de la forma más fácil. Las mujeres somos exigentes (y con razón). Queremos que nos respondan, que nos atiendan, que se acuerden de nosotras. Si tú misma no recuerdas cuándo publicaste o qué incluye tu oferta… ¿cómo esperas que lo haga ella? El servicio al cliente no es un lujo, es parte de tu marca.

ERROR #4: PENSAR QUE TUS RESPONSABILIDADES COMO MUJER TE IMPIDEN CRECER

Ahora viene el "regaño con amor", pero más fuerte… Me da mucha tristeza y, peor aún, ya me tiene cansada escuchar mujeres que digan "mis hijos... mi esposo... el hogar... no me permiten crecer". Soy un ingeniero ambiental que trabajó por años de 7:30 a. m. a 4:00 p. m.; mi trabajo quedaba a hora y media de distancia de mi hogar, había mucho tráfico todos los días, ida y vuelta; y yo estaba casada y con un bebé.

A mí también me tocó ajustar mis pantalones, atreverme, reconocer distracciones, alejarme de ellas, establecer prioridades, educarme, accionar para poder vivir lo que vivo hoy. Jamás me perdonaría no haber comenzado y haberme perdido todo esto que vivo. ¿Has pensado en todo el mundo que te espera tan pronto te decidas? Cuando hay que hacer las cosas, hay que hacerlas.. porque esto no será para siempre.

Hoy, mientras escribo estas letras, son las 12:02 a. m., ¡es medianoche! Para que este libro esté en tus manos, trabajé por muchas horas en investigación, escribir, borrar, reestructurar, pensar en anécdotas, brindarte ejemplos para darte lo mejor. Y lo hago en las noches porque los clientes, el equipo y los amigos están durmiendo y las notificaciones son mínimas. Durante el día tengo mis reuniones, diversas diligencias, programo correos electrónicos, publico contenido, entre otras tareas.

Mi tiempo con Isac, mi hijo, que ahora que escribo este libro se encuentra de vacaciones, ha sido algo limitado. Sin embargo, no me quejo. Estoy aquí y feliz viviendo algo que jamás pensé... educar miles y miles de mujeres hermosas e inteligentes, capaces de cambiar sus vidas.

¡Qué bendecida soy al poder crear un libro que impacte mujeres tan asombrosas como tú! Y cada vez que deseo quejarme por las responsabilidades que tengo ahora como empresaria; recuerdo que ahora vivo lo que siempre soñé en un cubículo de una agencia de gobierno. Cuando me siento cansada, recuerdo que si lo que vivo ahora es bueno (debido a las decisiones que tomé, horas que trabajé) lo que me espera es sorprendente.

Ahora, en mis momentos de pausa, paso a jugar con mi hijo, lo lleno de besos y abrazos, y le cocino. Al salir a correr le digo: "trae tu bicicleta, acompáñame a correr" y pasamos ese tiempo juntos. Escribir este libro no será para siempre; aunque vendrán muchos más. El tiempo de escribir este libro es AHORA y traerá su recompensa.

Como mujeres, nos tocó tener las mayores responsabilidades, pero no las uses como impedimento para crecer. Vamos a usarlo como motivación, vamos a meterle fuerza. Permíteme recordártelo: la mayoría de las mujeres exitosas que conoces también tienen responsabilidades. Lo que cambió fue su enfoque. En vez de ver su realidad como obstáculo, la convirtieron en impulso.

ERROR #5: COMPARARTE CON OTRAS

Este es el error que más drena energía. Como mujeres, ¡tenemos una obsesión con compararnos! Ver cómo otras lo hacen y pensar que para ti es tarde, que tú no sirves, que tú no tienes lo que se necesita. Piensas "es que ella lo hizo así, se vistió así, le va bien o le va mal, si ella lo hizo yo no lo hago; o si ella lo hizo, yo lo haré", y tantas comparaciones que nos detienen, o nos alejan de nuestra identidad. Pero aquí va una verdad poderosa: tú eres el ingrediente que hace diferente a tu marca. Tu voz, tu historia, tu estilo, tu esencia… eso no lo tiene nadie más. Y es justo lo que necesitamos ver.

Una *SheCommerce* no es perfecta. Es estratégica, valiente y está dispuesta a aprender. Analiza. Corrige. Mejora. Pero hazlo con amor, no con culpa. Porque crecer no es regañarte, es recordarte que puedes hacerlo mejor… y que ya tienes lo que necesitas para lograrlo. Tú no estás detrás. No estás tarde. Estás justo donde tenías que estar para comenzar hoy con una nueva visión. No te falta nada. Lo que sí te falta, tal vez, es verte como lo que ya eres: una mujer con ideas, fuerza, instinto y propósito. Y eso, querida, vale más que cualquier producto viral.

Este es tu momento. El de las mujeres que emprenden con sentido. Que venden con intención. Que sirven con el alma. Nos necesitamos unas a otras. Cada una con su estilo, su historia, su sazón. Porque tú —sí, tú— naciste para darle valor a este mundo. Así que si estabas esperando una señal… Mírala bien: eres tú. Tu voz, tu tienda, tu mensaje. Ella te espera. Y tú estás lista para mostrarle lo mejor de ti.

> Tú eres el ingrediente que hace diferente a tu marca. Tu voz, tu historia, tu estilo, tu esencia… eso no lo tiene nadie mas.

HISTORIA INSPIRADORA #7

CAROLINA HERRERA

Elegancia que trasciende generaciones

No se necesita ser joven para comenzar, ni tener un título para triunfar. Carolina Herrera lo demostró con gracia y firmeza. Nacida en Caracas, Venezuela, en 1939, Carolina creció en una familia rodeada de sofisticación, pero fue su autenticidad la que más tarde la convertiría en ícono de la moda internacional. No estudió diseño formalmente. Era esposa, madre de cuatro hijas, y tenía más de 40 años cuando lanzó su primera colección en 1981 en Nueva York. Contra todo pronóstico, y en una industria liderada por nombres con décadas de trayectoria, su trabajo cautivó a la crítica, a las celebridades y a la mujer que valora la elegancia atemporal.

Herrera entendió que la mujer no tenía que disfrazarse para verse poderosa. Su estilo se volvió sinónimo de clase, pero también de determinación. La camisa blanca que tanto la representa es hoy símbolo de empoderamiento sutil. A lo largo de los años, construyó una marca global, sin renunciar a su esencia ni a su acento. Fue reconocida por vestir a primeras damas como Jacqueline Kennedy Onassis y Michelle Obama, pero también por inspirar a mujeres comunes a llevar su feminidad con orgullo.

Su marca, Carolina Herrera, hoy forma parte del conglomerado de moda global Puig, y se estima que genera más de 1400 millones de dólares anuales en ventas alrededor del mundo. Sus perfumes, prendas de alta costura y colecciones *ready-to-wear* (listo para usar) han consolidado una estética reconocible, aspiracional y duradera. En 2018 Carolina se retiró como directora creativa, dejando su legado en manos de una nueva generación, pero su nombre sigue siendo sinónimo de elegancia y liderazgo femenino.

Más allá de la moda, Carolina Herrera nos recuerda que nunca es tarde para empezar. Que la experiencia vivida puede ser la mejor aliada para emprender. Y que el legado no se mide solo en ventas, sino en la forma en que haces sentir a las mujeres que te rodean. Su imperio sigue creciendo, pero su verdadero poder ha sido demostrar que el buen gusto, la visión y el coraje no tienen edad.

CAPÍTULO 8

ELLA NO BUSCA PERFECCIÓN, PERO SÍ PROGRESO

¡DESCUBRE LA RIQUEZA
DE ESTE CAPÍTULO...!

- Por qué avanzar es más importante que hacerlo todo perfecto desde el inicio.

- Cómo medir el progreso real de tu negocio sin compararte con otros.

- Estrategias para optimizar tus procesos, aprender de los errores y mejorar con cada venta.

- Cómo usar los datos, la retroalimentación y las pruebas para evolucionar tu tienda *online*.

- La mentalidad que necesitas para sostener un crecimiento constante y sostenible.

El éxito no se alcanza con la primera versión, sino con cada mejora que haces en el camino. Ella valora la autenticidad y la evolución más que la perfección. Ajustar, probar y optimizar es la nueva forma de crecer: imperfecta, constante y profundamente humana.

Cuando una mujer te da su atención, y más aún, su dinero, sin duda lo hace esperando que le cumplas, pero también espera que la sorprendas. Porque para ella comprar no es solo obtener un producto. Es una experiencia, una historia, una relación. Por eso, venderle una vez es solo el comienzo. El verdadero reto es que quiera volver. Que te recomiende. Que diga *"me gusta cómo esta marca evoluciona, cómo me escucha, cómo me responde"*. No tienes que ser perfecta. De hecho, no espera que lo seas. Pero sí espera que mejores. Que te ajustes. Que afines detalles. Que optimices.

En este capítulo hablaremos de esas piezas clave que ella te agradecerá que sigas puliendo: el inventario que debe estar disponible cuando lo necesita, el empaque que le hace sentir especial, la atención que la hace volver, el contenido que conecta con su corazón y el seguimiento que le recuerda que no la diste por sentada. Porque si de algo puedes estar segura, es de esto: una mujer nota los cambios... y valora a quien crece con ella en mente.

ELLA NO QUIERE VER LO MISMO, QUIERE VER LO QUE LE HACE SENTIDO... AHORA

Cuando una mujer entra a tu tienda *online*, espera encontrar algo más que lo que vio la última vez. Busca emoción, novedad, actualidad. Si cada vez que te visita encuentra los mismos productos, en los mismos lugares, con los mismos colores, su atención comienza a apagarse. No es que no le guste tu marca, es que ya no siente que estás pensando en ella. Porque venderle a la mujer no es solo mostrarle cosas bonitas, es demostrarle que estás presente en su vida, que entiendes su ritmo, sus temporadas, sus emociones. Ella no compra solo porque lo necesita. Compra porque algo le hizo sentido… ahora.

Optimizar tu inventario no significa tener más, sino tener lo correcto. Lo que refleja el momento que ella está viviendo. Si es verano, querrá colores frescos, piezas ligeras, productos funcionales que le acompañen en su rutina de calor, viajes o descanso. Si es temporada de regreso a clases, buscará orden, soluciones rápidas, cosas prácticas que la ayuden a organizarse. Si se acercan celebraciones, estará emocional, nostálgica, con ganas de regalar, de lucirse, de sorprender. Y si tú estás un paso adelante, trayendo productos alineados a esos momentos, ella lo nota, lo agradece y se queda.

No necesitas lanzar una línea nueva cada semana. Pero sí puedes trabajar con colecciones pequeñas, temáticas, pensadas con intención. Por ejemplo, en febrero podrías presentar una minicolección "Amor Propio", con frases, colores o piezas que celebren a la mujer que se elige. En abril (o en el mes que le corresponda a tu zona horaria) podrías lanzar accesorios de transición, ideales para primavera. En agosto, podrías enfocarte en piezas que la ayuden a volver a la rutina con estilo. Lo importante no es el tamaño de la colección, sino el mensaje: *"Estoy aquí contigo. Sé lo que estás viviendo. Pensé en ti".*

Según Shopify, las tiendas que actualizan su inventario de forma mensual ven un aumento de hasta un 35 %

en interacción.[33] Y un estudio reciente reveló que el 76 % de las mujeres se sienten más conectadas con una marca que presenta productos relevantes según la temporada o su estilo de vida.[34] Esto no se trata solo de moda o de rotación. Se trata de confianza. Ella quiere saber que estás viva, presente, creciendo con ella.

Y para lograrlo, necesitas escuchar lo que pide, observar lo que consume, planificar por temporadas y dejar de acumular lo que ya no conecta. Crea productos nuevos no por presión, sino por propósito. No escondas lo que acabas de lanzar. Destácalo. Lúcelo. Cuéntale por qué lo pensaste para ella. Y si algo se quedó atrás, déjalo ir. Porque renovar también es una forma de cuidar. Una mujer no busca que tengas "mucho". Busca que tengas lo que resuena con su ahora. Que tu tienda le hable en tiempo presente. Y cuando eso pasa, cuando ve que optimizas para ella, no solo compra. Te recomienda. Te recuerda. Y vuelve.

ELLA SE DA CUENTA CUANDO MEJORAS CON LO QUE VE… Y TE LO AGRADECE

Hay algo que pocas marcas se atreven a decir en voz alta: a veces lo que impide crecer no es el producto, ni el precio, ni el tráfico… es que tu tienda se quedó visualmente

33. Shopify. (2023). *Commerce Trends 2023: Data-driven insights shaping the future of on-line retail. Shopify Inc.* Recuperado el 11 de noviembre de 2025, de https://www.shopify.com/research/commerce-trends.

34. Think with Google. (2022). *Women of Tomorrow: Understanding the Female Consumer. Google LLC.* Recuperado el 11 de noviembre de 2025, de https://www.thinkwithgoogle.com.

igual por demasiado tiempo. Las mujeres somos observadoras. Y cuando una marca mejora, lo notamos. Vemos cuando las fotos se ven más limpias, cuando el empaque viene con más detalle, cuando el banner cambió con un diseño más claro, más actual, más alineado a nosotras. Todo eso nos dice: *"Ella está creciendo. Y está pensando en mí".*

Optimizar el aspecto visual no significa cambiarlo todo de golpe. Significa refinar lo que ya haces, con intención, con estilo, con propósito. Es actualizar el *packaging* para que se sienta más personalizado. Es mejorar las fotos de tus productos para que reflejen calidad, emoción y claridad. Es renovar los "banners" de tu tienda *online* para que hablen del momento actual, de lo que estás vendiendo hoy, no lo que pusiste hace seis meses.

Sí, eso incluye actualizar por temporada. Porque ella está viviendo en tiempo real, y tú necesitas acompañarla desde ese lugar. ¿Es verano? Tu banner puede tener tonos cálidos, frases que hablen de libertad, descanso, brillo, luz. ¿Es otoño?

Elige colores tierra, imágenes acogedoras, sensaciones de rutina y cambio. ¿Llega Navidad? Dale emoción, luces, detalles dorados, y palabras como "regala", "sorprende", "celebra". Incluso tus fotos de producto pueden evolucionar según la época del año. ¿Y el empaque? También. En verano: cajas frescas, frases con energía. En el Día de los Enamorados: stickers con mensajes de amor, papel de envolver especial, tarjetas con dedicatoria. Todo eso no solo es visual. Es emocional. Y una mujer lo nota.

Un estudio de Forbes reveló que el 75 % de los consumidores juzgan la credibilidad de una tienda *online* por su apariencia visual en los primeros 10 segundos.[35] Y según Shopify, las tiendas que actualizan visualmente sus colecciones cada 30 - 60 días tienen un 21 % más de retorno de clientes.[36]

Y no se trata de gastar más. A veces es tan simple como:

- Mejorar la iluminación de tus fotos.
- Usar una plantilla profesional en tus banners.
- Agregar una frase nueva en tu empaque: algo que la haga sonreír.
- Asegurarte de que tu tienda se vea bien en celular, porque sí, *ella compra desde ahí.*

La mujer nota cuando la estética evoluciona. Cuando una tienda se ve más limpia, más alineada, más cuidada, su confianza crece. Porque lo visual no es solo diseño. Es comunicación silenciosa. Es decirle sin palabras: estoy creciendo para ti. Y ese es el tipo de progreso que ella ama presenciar.

> Cuando una tienda se ve más limpia, más alineada, más cuidada, su confianza crece. Porque lo visual no es solo diseño.

35. Forbes. (2022, 9 de mayo), *75% of consumers judge a business's credibility based on website design.* Forbes Media LLC. Recuperado el 11 de noviembre de 2025 de https://www.forbes.com.

36. Shopify. (2023). *Future of Commerce Report 2023: Data and trends shaping the next era of retail.* Shopify Inc. Recuperado el 11 de noviembre de 2025 de https://www.shopify.com/research/future-of-commerce.

LA MUJER COMPRA CON CONFIANZA... CUANDO TÚ RESPONDES CON CUIDADO

Optimizar no es solo cambiar lo visual o agregar productos nuevos. Optimizar también es afinar cómo hablas con tu clienta, cómo la haces sentir atendida, comprendida y acompañada antes, durante y después de la compra. Porque para una mujer, el servicio al cliente no es un trámite: es parte esencial de la experiencia.

Ella nota si le respondes rápido. Si usas un tono amable. Si le das seguimiento sin tener que insistir. Si resuelves su duda con empatía. Si te comunicas como alguien que realmente quiere servir, no como alguien que solo quiere vender. ¡Si tuviste un mal día, NO es momento de servir! Y si tienes un equipo de trabajo, es importante que todos sepan que el cliente y lo que puedan necesitar es prioridad.

Optimizar la atención y la comunicación significa revisar continuamente cómo estás hablando con ella y preguntarte:

- ¿Le estoy contestando como me gustaría que me contesten?
- ¿Estoy siendo clara o estoy asumiendo que ella "debería saberlo"?
- ¿Estoy usando un lenguaje que conecta o estoy hablando como robot?
- ¿Estoy haciéndola sentir parte de mi marca o solo una orden más en mi sistema?

Muchas veces la razón por la que una mujer no vuelve a comprar no es por el producto. Es porque se sintió ignorada, mal atendida, o tratada con frialdad. Lo peor es que la mayoría de las veces ni siquiera lo dice. Solo se va. Y no vuelve. Lo que no te da el chance, "el break", de tener una próxima oportunidad; aunque sí puedes aprender cómo vas a tratar al próximo cliente.

Un estudio de *Zendesk* reveló que el 81 % de los compradores dicen que una mala experiencia de atención los hace abandonar una marca para siempre. Pero aquí viene la parte poderosa: el 95 % dice que estaría dispuesto a comprar de nuevo si recibió un trato cálido, humano y rápido.[37] ¿Y sabes qué más? Las mujeres son aún más sensibles a eso. Porque la forma en que se nos habla importa tanto como lo que nos venden.

Optimizar esta área puede verse así:

- Responder más rápido, aunque sea con un mensaje automático cálido y humano.
- Dejar plantillas de respuestas que suenen como tú: claras, empáticas, con tono femenino.
- Incluir notas personalizadas en los pedidos.
- Dar seguimiento poscompra para preguntar si todo llegó bien.
- Corregir errores con humildad y velocidad.
- Incluir más "gracias", más "estamos para ti", más "cuéntanos cómo fue tu experiencia".

---

37. Zendesk. (2023). *Customer Experience Trends Report 2023: The Age of AI and Empathy*. Zendesk Inc. Recuperado el 11 de noviembre de 2025 de https://www.zendesk.com/customer-experience-trends.

Y sí, tu comunicación en redes sociales también forma parte de esto. ¿Estás hablando solo para vender, o también para acompañar? ¿Tus textos suenan como una conversación o como un catálogo? Porque cuando una mujer siente que puede hablar contigo, confiarte su necesidad, hacerte una pregunta sin sentirse tonta, o simplemente recibir un "gracias" cálido y sincero… esa marca ya no es solo una tienda. Es una experiencia emocional. Y eso, lector, se logra optimizando cada palabra, cada respuesta, cada detalle.

ELLA QUIERE VERTE CRECER, PERO SIN DEJAR DE SER TÚ

Una mujer no se queda en tu tienda *online* solo por el producto. Se queda por lo que siente al ver cómo comunicas, cómo compartes, cómo evolucionas. Y todo eso lo percibe a través de tu contenido. Porque el contenido que publicas habla por ti incluso cuando tú no estás presente. Dice si te estás esforzando, si estás creciendo, si aún recuerdas por qué comenzaste.

Ella nota los cambios. Nota si tus fotos están mejor editadas, si los colores armonizan más, si los videos ahora se sienten más vivos. Nota si estás usando *reels* en tendencia, si te atreviste a hablarle en cámara, si tus mensajes la hacen sonreír o pensar. Nota si sigues siendo tú… pero más intencional. Más clara. Más presente. Porque no se trata de ser perfecta. Se trata de que se vea —y se sienta— que estás optimizando.

En un mundo digital que cambia todos los días, quedarte igual es quedarte atrás. Y no porque lo que hacías antes no era bueno, sino porque ella también ha cambiado. Su atención, sus intereses, sus emociones... todo evoluciona. Y tu contenido debe acompañarla. En verano quiere luz, frescura, libertad. En otoño busca calma, rutina, orden. En Navidad, nostalgia, ilusión, regalos. Y tú puedes hablarle desde cada etapa, con contenido que refleje ese "yo" que ella es en cada temporada.

La buena noticia es que no necesitas copiar a nadie. Solo necesitas ser tú, con más intención. Las marcas que logran mantenerse (como Rare Beauty o Rhode) no lo hacen porque cambian su esencia, sino porque la refinan y la amplifican. Siguen sonando igual, pero sus contenidos maduran. Sus fotos, sus campañas, sus videos en redes muestran que están al día, que están vivas.

> En un mundo digital que cambia todos los días, quedarte igual es quedarte atrás.

El caso de Rhode es especialmente interesante. Su fundadora, Hailey Bieber, ha sido durante años objeto de críticas y comparaciones públicas con Selena Gómez, por su vínculo sentimental con el mismo cantante: una es la esposa actual de Justin Bieber, la otra su exnovia. Esa narrativa de "rivalidad" constante entre mujeres —impulsada por los medios y las redes— colocó a Hailey en una posición incómoda y muy expuesta. ¿*Team* Hailey o *Team* Selena? Se convirtió en una conversación global que muchas veces opacaba su verdadera voz. Y aunque Rare Beauty lleva más tiempo en el mercado y ha logrado un posicionamiento admirable, debo admitir que fue Rhode la marca que me hizo conectar con Hailey desde un lugar más profesional.

Lo que más me gustó fue su respuesta frente a tanta presión: en lugar de quedarse en silencio o forzar una aceptación, Hailey eligió crear valor. Con Rhode, logró que muchas personas comenzaran a verla desde otra perspectiva. Su marca no solo se mantiene en tendencia y visualmente impecable, sino que transmite calma, autenticidad, cuidado personal… y propósito.

Personalmente, me fascina su estrategia de contenido. Es refrescante, limpia, diferente y poderosa. No solo siguen las tendencias: muchas veces las inician. Desde la manera en que lanza nuevos productos (escuchando lo que su comunidad le pide), hasta cómo crea expectativa y efecto sorpresa, todo está cuidadosamente diseñado. Las entregas a *influencers*, por ejemplo, suelen ser inesperadas, creativas y muy distintas a lo convencional.

Además, sus campañas han incluido experiencias presenciales como "booths" o activaciones en ciudades importantes, donde las personas pueden probar los productos, comprarlos y compartir en sus redes lo vivido. Esa experiencia multisensorial —que mezcla el mundo digital con el físico— ha sido clave para que más mujeres conecten no solo con el producto, sino con la historia detrás de la marca. Seas *Team* Selena o *Team* Hailey, hay algo que no se puede negar: ambas mujeres, y sus equipos, están haciendo un trabajo brillante. Y cuando algo está bien hecho… se nota. Y se respeta.

Eso es el poder del contenido bien hecho. El contenido que educa, que inspira, que conecta. El que no grita, pero sí permanece. ¿Y sabes qué? Los datos lo confirman. Según Meta, las marcas que publican contenido visual de calidad y en tendencia, pero que conservan su identidad, logran aumentar hasta un 45 % su *engagement*.[38] Y más del 80 % de las consumidoras confiesan que han comprado solo porque una marca les transmite algo con lo que se identifican emocionalmente.[39] Por eso, optimizar tu contenido no es algo que haces para "verte más profesional".

Lo haces para mostrar que estás presente, que escuchas, que creces, que aún te emociona todo esto. Que no publicas por obligación, sino porque quieres seguir impresionándola. Y hacerla reír. Y ayudarla. Y sorprenderla otra vez. Porque cuando ella te ve evolucionar con autenticidad, sabe que está frente a una marca que no se estanca. Una marca viva, humana, conectada. Y esa, es la marca que ella decide seguir, apoyar y recomendar.

ELLA NO DESAPARECE
CUANDO PAGA

Hay algo que muchas marcas olvidan una vez cierran una venta: después del "Gracias por tu compra", comienza lo verdadero. Es justo ahí cuando la relación apenas

---

38. Meta. (2023). *Performance Marketing Report 2023: How creative drives performance across platforms*. Meta Platforms, Inc. Recuperado el 11 de noviembre de 2025 de https://www.meta.com/business.

39. Think with Google. (2022). *The Emotional Connection Between Brands and Women*. Google LLC. Recuperado el 11 de noviembre de 2025 de https://www.thinkwith-google.com.

comienza. Optimizar tu negocio no es solo atraer clientas nuevas todo el tiempo; es hacer que las que ya confiaron en ti quieran volver, te recomienden y se sientan parte de algo más grande. El seguimiento, bien hecho, es un acto de respeto, estrategia y conexión.

En un estudio de *Invesp*, se demostró que es 5 veces más caro adquirir una nueva clienta que retener una existente.[40] Pero no se trata solo de números, se trata de emociones. Porque la mujer que te compró ya confió en ti. Ya dio el paso. Lo que ella espera ahora es sentir que tú también estás dispuesta a dar un paso más.

Piensa en esos pequeños gestos que, sin ser costosos, son inolvidables: un correo electrónico agradeciendo la compra con su nombre, un mensaje de seguimiento preguntando cómo le fue con su producto, una sugerencia de nuevos productos basada en lo que ya le gustó. No es "espamear" (si me permiten el término)... es demostrar que la escuchaste, que te importa más que la transacción. Permíteme incluirte una lista de cotejo sencilla, con opciones para que pueda dar un buen seguimiento:

- Envía un email de agradecimiento + consejo de uso tras cada compra.
- Programa un correo electrónico de seguimiento a los 3-5 días con la pregunta: ¿Cómo te fue con tu compra?

---

40. Invesp. (2023). *Customer Acquisition vs. Retention Costs: The Value of Loyal Customers*. Invesp CRO. Recuperado el 11 de noviembre de 2025 de https://www.invespcro.com/blog/customer-acquisition-retention/.

- Crea un sistema de recompensas o puntos por compras repetidas.
- Revisa quién no ha comprado en 30 días y sorpréndelas con un cupón o beneficio.
- Usa WhatsApp o Instagram DM para hacer seguimiento personalizado (sin invadir).
- Pide una reseña con amor y ofrece algo de valor a cambio.
- Crea contenido donde menciones o muestres clientas reales (testimonios, videos, historias).
- Haz campañas de correo electrónico segmentadas según el historial de compra.
- Activa anuncios de remercadeo donde puedas impactar a personas que entraron a la tienda y no compraron; o aquellos que ya son compradores.

Muchas marcas lo están haciendo bien. Por ejemplo, Sephora ha dominado el arte del seguimiento. Después de una compra, envían correos con recomendaciones personalizadas, piden una reseña (lo cual también les sirve como contenido de prueba social), ofrecen puntos en su programa de recompensas y, si pasa mucho tiempo sin que compres, te recuerdan con elegancia lo que más amaste. Tener una tienda *online* sin un sistema de seguimiento es como invitar a alguien a tu casa y no abrirle la puerta la próxima vez que llega. ¿Te dejó su correo electrónico? Úsalo con intención. ¿Le diste una experiencia agradable? Mantén la conversación abierta. ¿Recibiste una opinión? Agradécele, aunque no haya sido perfecta.

El seguimiento no solo fideliza… también te educa. Te muestra qué cosas debes mejorar, qué productos están enamorando y cuáles ya cumplieron su ciclo. Y aquí viene una de las claves más poderosas: el seguimiento también optimiza tus futuras estrategias de venta.

Si notas que muchas de tus clientas regresan luego de un email específico, sabrás que esa estrategia funciona. Si ves que te recomiendan más cuando haces un buen "unboxing" o das seguimiento en redes, ahí tienes una mina de oro. Porque cuando una mujer se siente cuidada, escuchada y atendida… no solo vuelve: te convierte en parte de su vida.

> Tener una tienda *online* sin un sistema de seguimiento es como invitar a alguien a tu casa y no abrirle la puerta la próxima vez que llega.

Optimizar no es empezar de cero. Es refinar, ajustar y elevar lo que ya tienes, porque sabes que ella lo merece. En este capítulo vimos cómo la mujer actual espera ver cambios reales y progresivos en las marcas que sigue. No busca perfección, pero sí evolución.

Ella quiere que tu inventario se mantenga fresco y conectado con su momento de vida. Quiere abrir tu tienda *online* y notar que visualmente te esmeraste por sorprenderla: desde el empaque hasta las fotos y los banners según la temporada. Quiere verte creando contenido actual, emocional, bien producido y alineado con tu esencia.

Quiere sentir que la escuchas, que das seguimiento, que la recuerdas aunque ya te haya comprado.

Para ella, una marca que se mantiene viva es una marca que se preocupa. Y tú tienes todo para dárselo: herramientas, intuición, ideas y, sobre todo, el deseo de servir con excelencia. Cada paso que des para mejorar la experiencia, fortalecerá su lealtad. Así que mira tu tienda con nuevos ojos. Pregúntate: ¿qué puedo hacer hoy para que se sienta más vista, más valorada, más feliz? La respuesta a esa pregunta, cuando viene desde la intención correcta, es lo que convierte a una tienda *online* en una marca inolvidable. Y eso es lo que estás construyendo.

HISTORIA INSPIRADORA #8

MARTHA STEWART

Reinventarse una y otra vez

Cuando piensas en recetas, organización del hogar y estilo de vida, es probable que pienses en Martha Stewart. Pero detrás de esa imagen pulida hay una mujer que ha vivido más de una vida profesional. Martha comenzó como modelo en su juventud, trabajó en Wall Street como corredora de bolsa, y luego, desde su propia cocina, construyó un imperio de *lifestyle* que educó, entretuvo y empoderó a millones.

Fundó Martha Stewart Living Omnimedia, una empresa que abarcó televisión, revistas, productos para el hogar y libros. Fue la primera mujer en Estados Unidos en convertirse en millonaria por cuenta propia gracias a una empresa fundada y liderada por ella misma. Su empresa llegó a estar valorada en más de mil ochocientos millones de dólares, y cotizó en la bolsa de valores de Nueva York. Generó ingresos de cientos de millones anuales en sus diferentes divisiones y se convirtió en sinónimo de elegancia práctica para el hogar estadounidense.

El camino no fue lineal: en 2004 fue condenada a prisión por un caso de información privilegiada. Lo que para muchos hubiera sido el fin, para Martha fue un renacer.

Al salir, lejos de esconderse, relanzó su marca con más fuerza, demostrando que los errores no definen a una mujer, sino cómo se levanta de ellos.

Más allá de cualquier controversia, su influencia y legado en el mundo de los negocios son innegables. Hoy, a sus más de 80 años, sigue vigente, innovando con colaboraciones inesperadas —como su sociedad con Snoop Dogg—, múltiples programas de televisión y nuevas líneas de productos. Su presencia se mantiene sólida en redes sociales y medios tradicionales, y continúa siendo una de las mujeres más influyentes del mundo empresarial estadounidense.

Martha nos enseña que puedes tener múltiples comienzos, que el liderazgo femenino se adapta, se reinventa y se sostiene con trabajo real. Y que construir, enseñar y dejar huella... nunca pasa de moda.

CAPÍTULO 9

ELLA QUIERE COMPRAR MÁS

- Cómo aumentar tus ventas sin perder autenticidad ni conexión con tu comunidad.

- Estrategias para fidelizar a la mujer que ya te compró y convertirla en clienta recurrente.

- Qué técnicas de *upselling*, *bundles* y programas de lealtad realmente funcionan con el público femenino.

- Cómo expandir tu marca a nuevos canales sin perder tu esencia ni tu propósito.

- La diferencia entre vender más y construir una relación que dure toda la vida.

*Cuando una mujer confía en una
marca, no busca reemplazarla: busca
más razones para quedarse. Expandir
no es solo vender nuevos productos,
sino abrir nuevas experiencias,
soluciones y emociones que sigan
diciendo: "esto también es para ti".*

Cuando una mujer compra por primera vez en tu tienda, no es la victoria final... es solo el primer paso. Lo que realmente transforma un negocio no es lograr una venta, sino provocar que esa mujer vuelva a comprar y que compre más. Porque una sola venta puede emocionarte, pero es la segunda, la tercera y la cuarta las que confirman que hiciste algo bien. Y no se trata de insistir o empujar, sino de construir una relación donde ella quiera quedarse.

Hoy más que nunca, las mujeres compran con intención. Buscan marcas que las escuchen, que les faciliten la vida, que las hagan sentir valoradas. Una clienta satisfecha puede dejarte una buena reseña, pero una clienta que se siente comprendida, guiada y sorprendida una y otra vez... esa se convierte en promotora, defensora y fan de tu marca.

En este capítulo quiero mostrarte cómo hacer que esa mujer quiera comprar más. No porque la presionas, sino porque genuinamente siente que tu marca la conoce, la escucha y piensa en ella incluso antes de que vuelva a entrar a tu tienda. Expandir tus resultados comienza por expandir el valor que entregas.

AYÚDALA A COMPRAR

En una tienda física hay una razón estratégica por la que los maniquíes no solo visten una prenda, sino todo un conjunto. No es casualidad: la blusa viene con la falda, la cartera y hasta los zapatos. Todo colocado de forma que la clienta no tenga que imaginarse nada. Solo mirar, desear y comprar. Esa es la misión de los productos complementarios: hacerle la vida más fácil a tu clienta y aumentar el valor de su compra sin que lo sienta como una venta forzada.

Aumentar el valor de compra es lograr que una clienta, en lugar de comprar solo un producto, añada más artículos a su carrito en esa misma visita. Es decir, no solo te compró una blusa, sino que también se llevó los aretes, el bolso y quizás el regalo perfecto para su hermana.

Las mujeres hoy están más ocupadas que nunca: trabajan, cuidan, lideran, estudian, crean. Viven con una lista mental infinita. Por eso, la marca que mejor le sirva, que le simplifique el proceso de elección, que piense por ella sin imponerle, es la que gana. Una encuesta de HubSpot reveló que el 60% de las mujeres compradoras *online* prefieren tiendas que les recomiendan artículos adicionales que "completan" su compra.[41] No porque no sepan qué necesitan, sino porque agradecen cuando una marca les ahorra tiempo y decisiones.

Pensemos en el ejemplo de una tienda de ropa *online*. En lugar de solo mostrar una camisa, puedes enseñar cómo se ve con el pantalón que también vendes, con los accesorios ideales y hasta con los zapatos más buscados. Mejor aún, puedes tener una sección llamada "Completa el look" o "Lo que va perfecto con esto". Esto no solo ayuda a tu clienta a visualizar más claramente el producto en su

---

41. HubSpot. (2023). *Consumer Trends Report 2023: The rise of personalization and predictive commerce*. HubSpot Research. Recuperado el 11 de noviembre de 2025 de https://research.hubspot.com.

vida diaria (para la oficina, una cena, un viaje), sino que también ganamos más. Y para eso estamos ¿no?

No importa lo que vendas: hay productos complementarios esperando ser descubiertos. Si vendes velas aromáticas, ¿por qué no ofrecer un set con un encendedor elegante y una bandeja decorativa? Si vendes productos de cocina, crea *bundles* (kits o combos) con recetarios, utensilios o ingredientes específicos. Si vendes maquillaje, incluye una mini guía de combinaciones o un espejo compacto con aumento. La idea no es solo vender más. Es ayudar. Mostrarle a tu clienta que pensaste en ella, que te adelantaste a su necesidad, y que hiciste el trabajo por ella.

Algunos consejos para implementar productos complementarios en tu tienda *online*:

1. **Agrupa por ocasión**: crea secciones como "Para la oficina", "Para regalar", "Para una noche especial" (más adelante, te doy más opciones de agrupaciones).

2. **Recomienda en la página del producto**: debajo de cada artículo, muestra otros que combinen bien.

3. **Crea kits o *bundles***: dales nombre, contexto y un mejor precio por comprar todo junto.

4. **Incluye recomendaciones en tus emails post compra**: "Ya que compraste este producto, esto podría encantarte".

5. **Hazlo visual**: usa imágenes donde se vea todo el conjunto o el uso en contexto.

Para maximizar los resultados, siempre recomiendo crear una guía de compra. A veces la mujer no necesita que le vendan algo nuevo, sino que le den ideas sobre cómo usar lo que ya tiene o qué regalar a otros. Una guía de compra es un recurso (en tu tienda *online*, correo electrónico o redes sociales) que organiza tus productos por categorías, necesidades o perfiles de comprador. Puede estar enfocada en "Regalos para Mamá", "Imprescindibles de verano", "Para la amiga que ama cocinar", "Obsequios en menos de $40" o "Básicos para la oficina". La guía le dice a tu clienta: "Ya pensamos por ti".

¿Cómo se prepara una guía de compra?

- Elige una ocasión o necesidad: temporada, tipo de clienta, evento especial, consumidor.
- Selecciona productos que tengan coherencia entre sí y que se puedan agrupar visualmente.
- Acompaña cada producto con una breve descripción empática: "Este set es ideal para mamás que aman el café en la mañana", o también "Perfecto para tu compañera de trabajo que ama organizar todo".
- Diseña la guía de forma visual y fácil de escanear. Puede estar en formato carrusel en redes, en una sección de tu tienda *online* o como descargable.

Las mejores marcas las lanzan en fechas clave como Black Friday, Navidad, San Valentín o regreso a clases. Por ejemplo, Anthropologie lanza guías de regalos con secciones como "Para ella", "Para el hogar", "Por menos de $25" o "Para sorprender". Este tipo de categorías no solo ordena, también inspira. Le recuerda a la clienta personas a quienes quiere regalar o detalles que puede darse a sí misma.

Dividir por audiencia, motivo u ocasión es lo que marca la diferencia. No es lo mismo un regalo para una jefa que para una hermana adolescente. Las marcas que entienden esto demuestran que no solo conocen su producto, sino también a sus clientas y su estilo de vida.

MÁS QUE CLIENTES… CREA UNA COMUNIDAD.

Las mujeres no solo quieren comprar. Quieren pertenecer. En un mundo donde cada vez más decisiones se toman por recomendación, donde el boca a boca se ha transformado en el poder de compartir una historia, una reseña o una experiencia, la comunidad se ha convertido en un activo tan valioso como el producto que vendes.

Crear comunidad no es una estrategia de moda; es una estrategia de lealtad. Y en el *e-commerce*, la lealtad vende más que los descuentos. Una comunidad fiel es esa tribu digital que te sigue, te escucha, interactúa con tus publicaciones, celebra tus lanzamientos, comparte tu contenido y hasta defiende tu marca. Son las que escriben "esperaba esto con ansias", las que etiquetan amigas y las que recomiendan tus productos sin que se los pidas.

Pero para que eso pase, debes ir más allá de solo ofrecer productos. Debes crear espacios donde tu clienta pueda hablar, sentirse vista, validada y parte de algo más grande. Plataformas como comunidades privadas en WhatsApp, grupos privados de Facebook, Discord, Telegram o hasta correos electrónicos con secciones exclusivas se han convertido en refugios de conexión real donde el algoritmo no se puede meter.

El 77% de las consumidoras leales están dispuestas a recomendar una marca si sienten que ésta las escucha y valora, según datos de Brand Loyalty Research.[42] Por eso, los programas de fidelización no deben verse solo como "puntos y recompensas", sino como formas creativas de agradecer, retener y motivar.

> Debes crear espacios donde tu clienta pueda hablar, sentirse vista, validada y parte de algo más grande.

Puedes comenzar con cosas simples pero poderosas:

- Crear un sistema de puntos por cada compra, reseña o referida.
- Hacer *lives* o espacios donde se discutan temas de interés para tu comunidad (no solo ventas).
- Compartir contenido generado por las mismas clientas.
- Celebrar a tus compradoras frecuentes con regalos sorpresa o menciones.

---

42. Yotpo. (2023). *Brand Loyalty Report 2023: What drives consumer trust and advocacy.* Yotpo Research. Recuperado el 11 de noviembre de 2025 de https://www.yotpo.com/resources/brand-loyalty-report-2023.

- Crea tu "Broadcast Channel" y colócale un nombre que represente club, comunidad, círculo, hermandad entre otros.

Marcas como Starbucks también han perfeccionado esta estrategia. Aunque venden café, su programa de recompensas se ha convertido en una referencia de cómo construir lealtad a largo plazo. A través de su app, las clientas acumulan estrellas por cada compra, acceden a beneficios exclusivos, reciben mensajes personalizados, e incluso celebran aniversarios de membresía. Pero más allá de los puntos, lo que realmente las conecta es la experiencia: se sienten parte de un club especial. Starbucks ha logrado que muchas personas elijan su marca no solo por el producto, sino por cómo las hace sentir.

Esa misma lógica aplica a tu tienda *online*: si puedes crear un sistema que premie la lealtad, sorprenda con detalles y haga sentir a la clienta como parte importante del negocio, tendrás más que una compradora... tendrás una embajadora. En tu tienda *online* la comunidad no se mide solo por seguidores, sino por la calidad del vínculo que construyes. Recuerda: una clienta puede olvidar lo que compró, pero no cómo la hiciste sentir. Si logras que se sienta parte de algo, querrá volver. Y si se siente vista, escuchada y celebrada... también querrá invitar a otras.

Las mujeres florecen en comunidad. No porque dependan de otras, sino porque reconocen el poder de caminar acompañadas. Desde tiempos ancestrales, nos hemos reunido en círculos, cocinas, patios, salones, chats... no solo para hablar, sino para compartir sabiduría, apoyo, inspiración. Sentirse parte de algo más grande que una misma, activa un sentido de pertenencia que nutre el corazón, pero también guía las decisiones.

En un mundo saturado de información, algoritmos y competencia, las marcas que logran construir comunidades reales —no solo seguidores, sino vínculos— son las que crean movimiento. La mujer que compra hoy quiere algo más que productos: quiere aprender, compartir e inspirarse, por eso se une a grupos, se queda en *newsletters*, entra a tus canales de difusión, comenta, etiqueta, pregunta. Porque ser parte de una comunidad le recuerda que no está sola. Y si logras que tu marca sea ese espacio, no solo tendrá una clienta… tendrás una promotora leal.

CUANDO TU MARCA SE VUELVE PARTE DE SU RUTINA

¿Alguna vez te has suscrito a algo que te emociona más que muchos correos en tu bandeja de entrada? Esa sensación de saber que *algo viene para ti*, sin tener que pensarlo demasiado… eso es lo que sienten muchas mujeres con las suscripciones. Una caja mensual. Un contenido exclusivo. Una experiencia que se repite y que forma parte de su estilo de vida.

La estrategia de suscripción no solo es una tendencia; es una forma inteligente de conectar, fidelizar y convertirte en parte de la rutina de tu clienta ideal. Las mujeres aman las suscripciones porque les ahorran tiempo, las sorprenden y las hacen sentir parte de algo especial. En vez de estar buscando constantemente qué comprar, una suscripción le ofrece una experiencia pensada para ella: desde lo que necesita, hasta lo que no sabía que quería, pero le encantó recibir.

Hoy en día, el 54 % de las mujeres que compran *online* afirman estar suscritas a al menos un servicio de productos físicos, ya sea belleza, bienestar o estilo de vida.[43] Marcas como FabFitFun han construido imperios bajo esta estrategia. Cada temporada lanzan cajas llenas de productos de belleza, wellness, accesorios y más, con un valor percibido que excede lo que pagan. ¿Resultado? Miles de mujeres esperando cada caja como si fuera su cumpleaños. Glossybox, por su parte, fue una de las pioneras en el mundo del *skincare*. Mes tras mes, enviaban productos de alta gama en cajas diseñadas con gran detalle y mimos para sus clientas.

La clave no era solo el contenido, sino la presentación. Cada detalle le decía a la mujer: *esto fue creado para ti.* Incluso fuera del mundo de belleza, marcas como Book of the Month (club de libros en EE. UU.) han hecho de la suscripción una comunidad. Tú eliges el libro del mes, lo recibes en casa, y formas parte de una conversación colectiva donde miles de mujeres comentan, recomiendan y vuelven a elegir juntas. Es más que un producto: es pertenencia.

Hay múltiples formas de diseñar un modelo de suscripción. No todas tienen que ser mensuales, ni todas tienen que ser productos físicos. Por ejemplo:

---

43. McKinsey & Company. (2023). *Consumer Subscription Report: The evolution of the subscription economy.* McKinsey & Company. Recuperado el 11 de noviembre de 2025 de https://www.mckinsey.com.

- Una tienda de productos para el cabello rizado puede ofrecer una suscripción estacional, enviando lo necesario para preparar el pelo según el clima: hidratación profunda para el verano, restauración intensa en invierno.
- Un negocio de accesorios o joyería puede ofrecer un "kit sorpresa" bimensual con piezas seleccionadas según tendencias y estilos de la clienta.
- Una marca de productos para el hogar puede tener un "club de aromas" donde cada mes se envíen velas con fragancias distintas o productos para renovar el ambiente.
- Incluso negocios de formación o bienestar pueden suscribir clientas a contenido exclusivo: *master class* mensuales, meditaciones guiadas, acceso a *webinars* o comunidades privadas.

Lo importante no es solo qué vendes, sino cómo lo puedes convertir en una experiencia constante y deseada.

Existen tres tipos de suscripciones comunes que puedes adaptar según tu negocio:

1. **Suscripción de reposición:** Ideal para productos que se usan y agotan (cosméticos, suplementos, artículos de higiene, etc.). Se centra en la comodidad y la constancia.

2. **Suscripción de descubrimiento:** Perfecta para marcas que quieren sorprender cada mes. El cliente recibe algo nuevo que no ha probado (kits sorpresa, productos en tendencia).

3. **Suscripción de acceso:** Ofrece contenido o beneficios exclusivos por pertenecer a un grupo (cursos, membresías VIP, descuentos especiales, acceso anticipado a lanzamientos).

Te cuento una historia que marcó a muchas durante mi evento *SheCommerce*. Una de nuestras estudiantes del programa de Ecommerce Avanzado, comenzó su negocio con una simple idea: crear una suscripción. Hoy, esa decisión le genera más de $630 000 al año. Sí, leíste bien. Una mujer, desde Puerto Rico, construyó una de las suscripciones más exitosas del país. ¿Y cuál fue su secreto? Comprender que cuando tienes una suscripción, no comienzas desde cero cada mes.

El modelo de suscripción te permite generar ingresos recurrentes. Repito: ¡No tienes que comenzar desde cero todos los meses! Sabes que cada mes tendrás un grupo de clientas que recibirán tu producto o servicio. Y no solo es rentable: es cómodo, estratégico y emocionalmente satisfactorio para ellas.

Piénsalo con un ejemplo sencillo. Digamos que vendes jabones artesanales. Si tú sabes que tu jabón dura tres semanas con uso diario (como debería, si se están bañando), ¿por qué esperar a que la clienta recuerde volver a comprar? En su lugar, puedes crear una suscripción donde cada tres semanas le llegue a su puerta su jabón favorito. Y para elevar aún más la experiencia, puedes incluir una muestra de temporada: algo nuevo que la emocione, una fragancia que la inspire, un diseño que la sorprenda.

Ese pequeño gesto cambia todo. Ya no vendes solo un producto. Estás creando una rutina de autocuidado que la clienta espera con ilusión.

¿Vendes velas? Perfecto. Muchas mujeres tenemos velas en cada rincón del hogar: baños, cocina, oficina. Porque no solo queremos aroma. Queremos ambientes, calma, y armonía. Una suscripción mensual de velas con ediciones especiales para Navidad, San Valentín o primavera convierte un detalle cotidiano en una experiencia memorable.

El poder de una suscripción está en tres cosas:

1. Conocer tu producto.
2. Entender la frecuencia de uso.
3. Sorprender a tu clienta con algo que la haga sentir especial.

No necesitas un catálogo gigantesco. Solo necesitas identificar lo que tu clienta usa, ama y necesita... y entregarlo con intención. Porque al final, una suscripción no es solo logística. Es una forma hermosa de estar presente en la vida de tu clienta, de forma constante, relevante y significativa. Aquí te entrego consejos para que crees tu suscripción:

1. **Identifica productos con recurrencia natural:** Piensa... ¿tu clienta necesita reponer algo cada cierto tiempo? ¿Puedes crear *bundles*, kits o experiencias que mantengan frescura e interés mes tras mes? La clave está en detectar esas necesidades constantes que ya existen y ofrecerles una solución automática y atractiva.

2. **Define la frecuencia ideal:** No todo tiene que ser mensual. Puedes optar por entregas bimensuales, trimestrales o estacionales. Lo importante es mantener la emoción y la utilidad sin abrumar. Escucha a tu clienta: su ritmo es el que manda.

3. **Diseña una experiencia memorable:** La suscripción no es solo sobre productos, es sobre cómo los haces llegar. Cuida el empaque, incluye notas personalizadas, frases inspiradoras o pequeños detalles que demuestren que pensaste en ella. Cada entrega debe sentirse como un regalo.

4. **Utiliza herramientas tecnológicas para automatizar:** Existen muchas aplicaciones dentro de la plataforma Shopify para ayudarte. Entra a la tienda de aplicaciones de Shopify, escribe la palabra clave "suscripción" y te saldrán muchas alternativas. Algunas hasta con planes gratuitos. Estas te ayudarán a gestionar pagos recurrentes, cambios de suscripción y recordatorios automáticos sin complicaciones.

5. **Recuerda el propósito más allá de lo técnico:** Una suscripción no es solo logística: es una forma de estar presente en la vida de tu clienta. Acompañarla, formar parte de su rutina, crear momentos que refuercen la relación con tu marca. Cuando lo haces bien, no solo compras una vez: compras siempre.

> Una suscripción no es solo logística. Es una forma hermosa de estar presente en la vida de tu clienta.

Las mujeres aman este tipo de sistemas porque les ahorra tiempo, les brinda constancia, y les hace sentir que alguien pensó en ellas con cada entrega. Si tu tienda *online* tiene algo que se puede usar, renovar, descubrir o disfrutar en comunidad, tienes una gran oportunidad de crear una suscripción que no solo genere ingresos recurrentes, sino una clienta que se quede por mucho tiempo.

LAS VOCES EN LAS QUE ELLA YA CONFÍA

En el mundo de hoy, una de las formas más poderosas de expandir tu marca no es hablar más fuerte... sino poner tu mensaje en voces que ya tienen la confianza de tu clienta ideal. Aquí entra el verdadero poder del *influencer* en el marketing, o mejor dicho, de los creadores de contenido. Es importante entender la diferencia.

Mientras el *influencer* tradicional se ha caracterizado por la promoción constante de productos, el creador de contenido se ha ganado su lugar desde otro enfoque. Son personas que conectan con su audiencia compartiendo el día a día, valores, aprendizajes, errores, momentos reales.

Y es en medio de esa cotidianidad donde, de vez en cuando, recomiendan productos que usan y en los que realmente creen. La venta no es el foco, pero sucede... porque la confianza ya está ahí. Las mujeres no quieren que les vendan. Quieren escuchar de alguien en quien confían. Alguien que ya sigue su estilo de vida, que comparte sus valores, que se parece a ella. Por eso, cuando una creadora de contenido habla de tu marca desde la autenticidad, tu mensaje viaja con credibilidad, emoción y efecto multiplicador.

Un ejemplo brillante de esta estrategia es la marca DIME Beauty. Esta empresa de cosméticos y cuidado de la piel creció explosivamente no solo por tener buenos productos, sino por construir relaciones reales con cientos de micro creadoras. Les ofrecían paquetes bien presentados, las escuchaban, les daban códigos personalizados y mantenían la relación en el tiempo. No apostaron todo a los grandes nombres. Apostaron a la comunidad. A la mujer real. A la voz cercana.

Ahora bien, ¿cómo eliges a tu creadora de contenido o *influencer* ideal?

No se trata de seguir modas ni de obsesionarte con los seguidores. Lo primero es preguntarte: ¿quién ya está hablándole a la mujer que yo quiero servir? Haz una lista de 10 a 15 perfiles que admires. Mira su contenido: ¿Inspira? ¿Educa? ¿Escucha? ¿Responde? ¿Su comunidad interactúa con ella? Fíjate si ya usa productos parecidos a los tuyos. Observa si su estilo, estética y valores coinciden con tu marca. La clave no es el alcance, es la afinidad.

Y cuando estés lista para acercarte, hazlo con intención. Nada de mensajes genéricos. Escríbele con honestidad: "He visto cómo conectas con mujeres que buscan bienestar desde lo simple y real... eso es exactamente lo que queremos reflejar con nuestra marca". Ofrece una muestra gratuita sin compromiso. Y deja claro que no buscas solo promoción, sino una colaboración con sentido.

Existen distintas formas de trabajar con creadores:

1. Regalo sin compromiso: envías el producto, y si lo aman, lo compartirán con naturalidad.
2. Contenido patrocinado: acuerdas una colaboración paga con piezas específicas (*reels, stories, unboxings*).
3. Códigos o enlaces afiliados: la creadora recibe comisión por cada venta generada.
4. Embajadoras de marca: colaboraciones a largo plazo que incluyen lanzamientos, lives, decisiones creativas.
5. Contenido cocreado: *bundles*, retos, guías o productos creados en conjunto (entre el creador de contenido y el dueño de la marca).

La clave está en nutrir la relación. Una creadora de contenido o *influencer* no es solo un canal más. Es un puente emocional entre tu producto y tu clienta. Si ella confía en ti, si se siente parte de tu propósito, si tú valoras su voz y su estilo, entonces puede convertirse en una aliada invaluable. Y no subestimes a las microcreadoras.

A veces, una mujer con 3000 seguidoras comprometidas vende más que una con 300 000. Porque la confianza no siempre se mide en números, se mide en impacto. En resumen: si tú no puedes estar en todas partes hablando con tu clienta, asegúrate de estar presente en quienes ya hablan con ella cada día. Porque en su mundo, hay voces que guían, inspiran y validan. Y cuando esas voces dicen tu nombre, el eco puede ser una ola de nuevas ventas, conexiones y lealtad.

ELLA QUIERE SABER QUIÉN ESTÁ DETRÁS DEL CARRITO

El *e-commerce* solía ser un proceso silencioso: alguien entraba, elegía un producto, pagaba... y listo. Pero hoy la mujer no solo quiere comprar. Quiere conectar con quien le vende. Quiere saber quién eres, cómo piensas, qué valores tienes. En otras palabras: quiere saber quién está detrás del carrito.

Aquí es donde entra el *live streaming*, una herramienta poderosa que transforma una tienda *online* en un espacio vivo, cercano y humano. Cuando haces un *live*, tu marca cobra voz, rostro y personalidad. Y para la mujer, que compra tanto con la cabeza como con el corazón, eso puede marcar toda la diferencia. Y sé lo que estás pensando "Vero, yo no haré videos en vivo". OK, lo entiendo. Pero dame la oportunidad de explicarte porqué debes motivarte.

En mi evento *SheCommerce* digo claramente: *"Casi el 60% de las ventas de ropa y accesorios para mujeres se están haciendo a través de comercio en vivo"*. He visto cómo estudiantes con menos de 7000 seguidores logran generar más de $6000 por cada transmisión en vivo.

¿Te imaginas lo que podría significar hacer solo dos *lives* al mes? Probablemente, tus metas mensuales alcanzadas. Pero más allá de los números, el *live* es donde se forja la confianza inmediata. Es donde puedes mostrar tu producto en tiempo real, responder dudas al instante, compartir detalles que no se ven en una foto estática y mostrar tu entusiasmo real por lo que vendes.

Todo eso crea cercanía, empatía… y ventas. En 2024, el *livestream commerce* superó los cincuenta mil millones de dólares en ventas en EE. UU. El 43 % de esas ventas fueron de ropa. Le siguen productos de cuidado de la piel (32 %), accesorios (31 %) y productos para el cuerpo.[44] Las mujeres son quienes más participan en estas transmisiones por la interacción, la confianza y la rapidez del proceso.

Aunque no a todas les encante prender la cámara, debes tomar los resultados que antes mencioné como inspiración. OJO, cuida los detalles de tu transmisión en vivo. No necesitas un lugar *fancy*… pero cuida la estética. Una pared blanca, una cortina bonita, una buena luz. No necesitas un estudio de televisión, pero sí un espacio que represente tu marca con amor y cuidado.

Más adelante te enumero las recomendaciones. Y es que el *live* no es solo una estrategia más: es una forma poderosa de devolverle alma al *e-commerce*. Cuando una mujer se siente vista, escuchada y atendida en tiempo real… no solo compra. Te recuerda. Te sigue. Te recomienda. Y vuelve.

> El *live* no es solo una estrategia más: es una forma poderosa de devolverle alma al *e-commerce*.

---

44. Coresight Research. (2024). *U.S. Livestream Shopping Report 2024: Trends, categories, and consumer insights.* Coresight Research. Recuperado el 11 de noviembre de 2025 de https://coresight.com.

¿Qué puedes hacer en un *live*?

Aquí te doy algunas ideas que han demostrado funcionar:

1. **Presentación de productos en vivo** – muestra cómo luce, cómo se siente, cómo se combina.

2. ***Unboxing* o empaques de clientas reales** – eso genera emoción y confianza.

3. **Sesiones de preguntas y respuestas** – responde dudas sobre tallas, uso, combinaciones.

4. **Lanzamientos exclusivos** – acceso anticipado para las que se conecten al *live*.

5. **Descuentos flash** – solo disponibles durante la transmisión.

6. ***Behind the scenes*** – muéstrales cómo empacas, cómo diseñas o cómo eliges productos.

7. **Colaboraciones en vivo** – hazlo con creadoras de contenido o clientas reales, en formato conversación.

8. **Retos y dinámicas** – incentiva la participación en tiempo real.

Recomendaciones para hacerlo bien...

- **Cuida el fondo**: una pared neutra, sin distracciones. Evita closets abiertos o desorden visual.
- **Buena iluminación**: natural o un aro de luz básico. La luz lo cambia todo.
- **Haz pruebas antes del *live*.** Verifica audio, conexión y cámara.
- **Ten tus productos a la mano y organizados**.

- **Habla con naturalidad y entusiasmo**: tu autenticidad vende más que cualquier guion.
- **Incluye llamados a la acción claros**: "Cómpralo en el link de la bio", "solo disponible hoy", "envíame un DM".

He tenido la oportunidad de hablar sobre este tema en varios eventos. Para poder ayudar más a los asistentes, creé un plan de 5 pasos para desarrollar un "en vivo" profesional y que genere ventas hacia tu tienda *online*. ¿qué te parece si lo comparto contigo? Anótalos…

1. **Plan (Planea)**: Define el propósito del *live* y a quién te diriges.
2. **Prepare (Prepárate)**: Organiza tu espacio, productos, luz y fondo.
3. **Present (Presenta)**: Muestra con entusiasmo. Sé la experta que guía.
4. **Purchase (Compra fácil)**: Facilita el proceso para que ella compre en vivo.
5. **Pursuance (Seguimiento)**: Da las gracias, responde comentarios, crea contenido *poslive*.

El *live* permite romper la barrera fría de una pantalla. Te vuelves real, cercana, memorable. Si aún con toda la información que te he mostrado, sientes que esto no es para ti, *relax*… hay más estrategias para acelerar resultados. Sin embargo, no ignores el poder de mostrarte. Porque quizá hoy no te sientes lista, pero mañana te atreves a prender la cámara… y ese día puede cambiarlo todo. No por la cantidad de ventas, sino por lo que pasa cuando una mujer ve a otra vender con pasión, servir con intención y liderar con autenticidad. A veces lo único que necesitas no es un guion perfecto, sino el valor de dejarte ver. Y créeme, cuando eso pasa... ella compra.

ELLA QUIERE SENTIRSE ÚNICA

La mujer de hoy no quiere sentirse como "una más" en la fila. Quiere sentirse vista, comprendida, especial. En un mundo donde todo parece masivo y automatizado, la personalización se convierte en una muestra de atención y cariño. Y en el *e-commerce*, ese detalle puede marcar la diferencia entre una compra única... y una clienta recurrente. Cuando hablamos de personalización, no se trata solo de poner su nombre en un correo. Se trata de ofrecerle una experiencia hecha a su medida. Mostrarle productos basados en lo que ya compró. Recomendarle opciones que se alineen a su estilo de vida. Enviarle un mensaje de cumpleaños. Hacerla sentir que tu tienda piensa en ella, incluso cuando no está comprando.

> La mujer de hoy no quiere sentirse como "una más" en la fila. Quiere sentirse vista, comprendida, especial.

Según un estudio de Epsilon, el 80% de los consumidores son más propensos a comprar de una marca que ofrece experiencias personalizadas. Y en el caso de las mujeres, ese número suele ser aún mayor, porque para muchas de ellas, comprar no es solo adquirir un producto:

es un acto emocional, simbólico, conectado con identidad, necesidad y deseo.[45]

¿Cómo puedes personalizar tu tienda *online*?

Aquí te van varias ideas:

1. **Recomendaciones inteligentes:** Usa tecnología o herramientas que sugieran productos según compras previas, búsquedas o comportamiento en la tienda. De hecho, existen plantillas (*themes*) para tu tienda *online* que ya vienen con estas secciones incluidas.

2. **Correos electrónicos segmentados:** Crea campañas para clientas frecuentes, para quienes abandonaron el carrito, para quienes solo han comprado en rebajas, etc.

3. **Encuestas cortas poscompra:** Pregúntale qué le gustó, qué busca, qué necesita. Usa esa data para mejorar.

4. **Mensajes o detalles en sus paquetes:** Una nota escrita a mano, un pequeño regalo sorpresa, una frase motivacional que refleje tu marca.

5. **Recordatorios útiles:** "Hace 3 meses compraste esta crema. ¿Quieres reponerla antes de que se acabe?".

Existen marcas que han llevado la personalización a otro nivel, convirtiéndola en parte esencial de su propuesta de valor. Por ejemplo, Stitch Fix, un servicio de moda por suscripción, selecciona ropa según el estilo, talla y preferencias de cada cliente, basándose en su feedback constante.

---

45. Epsilon. (2023). *The Power of Me: The Impact of Personalization on Marketing Performance*. Epsilon Research & GBH Insights. Recuperado el 11 de noviembre de 2025 de https://us.epsilon.com.

Function of Beauty ofrece productos para el cabello completamente personalizados: la clienta llena un cuestionario, elige sus objetivos, fragancia y color, y recibe un producto formulado solo para ella, con su nombre en la etiqueta. IPSY, una membresía a la que estoy suscrita, me envía mensualmente muestras de nuevas marcas. Esta me envía productos de cuidado de la piel y/o maquillajes con los tonos exactos de mi piel, porque al suscribirme, lo primero que hizo fue hacerme preguntas para conocer mis gustos, lo que desearía recibir y mis tonos.

No es solo una suscripción, es una entrega de productos todos los meses de forma personalizada. Nike By You permite a sus usuarias diseñar sus propios tenis, desde los colores hasta el texto bordado. Y Cupshe, una marca de ropa de baño, recomienda estilos según el tipo de cuerpo y la ocasión, haciendo que la mujer se sienta más segura, vista y representada.

Para lograr este tipo de experiencias, existen herramientas accesibles como Klaviyo, la que usamos, que permiten automatizar correos con base en el comportamiento de compra; apps de Shopify, que personalizan recomendaciones de productos; y plataformas como Typeform, ideales para crear cuestionarios visuales que te ayuden a conocer mejor a tu clienta.

La personalización no es solo una estrategia comercial: es empatía en acción. Es una forma de decirle a tu clienta: "Te veo, te entiendo, y te valoro". Y cuando una mujer siente eso, no solo te compra: te elige. Te recuerda. Te recomienda. Y vuelve.

¿Cómo comenzar a personalizar (sin complicarte la vida)?

1. **Conoce a tu clienta ideal:** Define sus gustos, hábitos, estilo de vida y necesidades. Mientras más la entiendas, mejor podrás hablarle de forma relevante.

2. **Crea una encuesta sencilla:** Usa herramientas como Google Forms, Typeform o Tally para preguntarle qué le gusta, cómo usa tus productos, qué le gustaría ver en tu tienda.

3. **Agrupa a tus clientas por intereses o comportamientos:** Por ejemplo, "las que compran cada mes", "las que solo compran en rebajas", "las que compran para regalar". Luego, háblales diferente.

4. **Escribe correos electrónicos personalizados:** No envíes el mismo mensaje a todas. Usa su nombre, recomiéndale cosas según lo que compró, hazle sentir que la recuerdas.

5. **Haz pequeños gestos que digan mucho:** Una nota de agradecimiento escrita a mano, una frase que inspire, una tarjeta con su nombre, un código de descuento solo para ella.

6. **Revisa tu tienda como si fueras tu clienta:** ¿Qué ves? ¿Te recomiendan algo útil? ¿Hay productos agrupados por uso o estilo? A veces el primer paso es mejorar lo que ya tienes.

7. **Automatiza con intención, no con frialdad:** Usa herramientas como Klaviyo para que el proceso de personalización sea más eficiente... pero siempre cálido.

Este capítulo no solo ha sido una guía de expansión. Ha sido una carta de reconocimiento. Si quieres expandirte, no busques fórmulas mágicas: construye una marca que merezca su atención, que le hable con respeto, que le ofrezca soluciones reales, que la inspire a volver no porque la necesitas, sino porque ella se merece lo mejor.

Porque ella es la verdadera estrategia. Venderle a ella no es aprovecharse de su poder... es honrarlo. Es mirarla de frente y decirle: "Estoy construyendo algo para ti, porque tú lo vales". Y cuando una marca entiende eso, deja de vender. Empieza a transformar.

HISTORIA INSPIRADORA #9

J.K. ROWLING

La magia de creer, aun en la oscuridad

Antes de ser la autora multimillonaria más reconocida del mundo, Joanne Rowling era una madre soltera, desempleada, viviendo de ayudas del gobierno y escribiendo en cafeterías mientras su hija dormía en un cochecito. Su historia no comienza con éxito, sino con pérdida, incertidumbre y rechazo. Sin embargo, fue precisamente en medio de esa oscuridad que encontró la chispa que cambiaría su vida —y la de millones— para siempre: la historia de un niño mago llamado Harry.

Durante cinco años, Rowling trabajó en el manuscrito de *Harry Potter and the Philosopher's Stone*. Fue rechazada por más de doce editoriales. Le dijeron que era muy largo, poco comercial, y que la literatura infantil no tenía futuro. Hasta que un pequeño sello británico, Bloomsbury, decidió apostar por ella... con una primera tirada de solo 500 copias.

Lo que vino después fue simplemente histórico. La saga de *Harry Potter* ha vendido más de seiscientas millones de copias en todo el mundo, ha sido traducida a más de 80 idiomas y ha generado una franquicia valorada en más de veinticinco mil millones de dólares, incluyendo películas, parques temáticos, *merchandising*, y una nueva generación de lectores y soñadores.

Pero más allá del dinero y la fama, Rowling demostró que las historias bien contadas tienen poder. Que cuando una mujer cree en su voz, aunque nadie más lo haga, puede mover al mundo entero. Actualmente es una de las mujeres más ricas del Reino Unido, pero también una de las más filantrópicas. Ha donado cientos de millones de dólares a causas como la esclerosis múltiple (enfermedad que padecía su madre) y el apoyo a madres solteras.

Su historia no solo habla de magia. Habla de resiliencia, propósito, disciplina y fe en lo invisible. Rowling nos enseñó que los momentos difíciles pueden ser combustible para la creatividad, que las ideas pueden surgir en los lugares más humildes, y que cuando una mujer se atreve a escribir su historia, el mundo entero puede terminar leyéndola.

CAPÍTULO 10

EL FUTURO SIGUE SIENDO MUJER

¡DESCUBRE LA RIQUEZA DE ESTE CAPÍTULO...!

- Por qué el liderazgo femenino está transformando la economía, la tecnología y la cultura global.

- Cómo anticiparte a las tendencias que marcarán el consumo en los próximos años.

- Qué valores, causas y estilos de vida guiarán las decisiones de compra del futuro.

- Cómo preparar tu marca para evolucionar con las nuevas generaciones de mujeres.

- La importancia de mantenerte auténtica, consciente y alineada con lo que ella valora.

El mundo que viene está escrito en voz femenina. La mujer no solo impulsa la economía, redefine la manera de liderar, comprar y crear. Apostar por ella no es una moda: es entender hacia dónde se mueve el futuro. Quien aprende a venderle, aprende a trascender.

Durante mucho tiempo, el poder de consumo femenino fue subestimado. Se la veía como una compradora secundaria, una acompañante del proceso de compra... cuando en realidad siempre ha sido la protagonista. Hoy los números ya no se pueden ignorar: la mujer es quien más compra, quien más influye y quien más decide. Y no solo eso: es quien exige marcas con propósito, que piensen en ella, que le devuelvan el respeto que merece.

El presente del comercio ya tiene rostro femenino. Y el futuro aún más. Porque cuando tú vendes pensando en ella, estás vendiendo con visión, con inteligencia y con sensibilidad. Este capítulo no es solo una reflexión: es un llamado a mirar hacia adelante con los ojos bien abiertos... y reconocer que el futuro del *e-commerce*, del liderazgo empresarial y del consumo global sigue teniendo nombre de mujer.

No es una tendencia. Es un nuevo estándar. La mujer no compra solo porque necesita. Compra porque conecta, porque se identifica, porque siente que fue tomada en cuenta. Eso eleva el estándar. Ya no basta con tener un buen producto. Hay que tener una buena historia, una buena experiencia, una misión clara.

El futuro del *e-commerce* será liderado por marcas que hablen su idioma. Que comprendan que ella no es una simple transacción. Es una conversación, una relación, una oportunidad de generar impacto real. Y ahora que reconoces este potencial... ¿qué te toca a ti?

EL NUEVO LIDERAZGO FEMENINO

El futuro del comercio y del emprendimiento se está escribiendo con nombre de mujer. Cada día, más mujeres no solo consumen: lideran, crean, inspiran y transforman industrias completas. Desde la educación, la salud, la tecnología, el bienestar, los medios y hasta el activismo digital, hay una ola imparable de liderazgo femenino que ya no se conforma con ocupar un espacio. Está creando los suyos propios.

Según el reporte de *Women in Business 2024*, las mujeres ahora representan más del 30 % de las posiciones de liderazgo en empresas globales, y su participación en la creación de nuevas empresas tecnológicas ha crecido un 74 % en los últimos cinco años.[46] Pero más allá de los números, lo que estas líderes están logrando es un cambio de cultura: están humanizando el negocio. Están haciendo que se sienta.

Tenemos a mujeres como Bozoma Saint John, quien ha liderado equipos en Netflix, Apple y Uber, redefiniendo el marketing con identidad y propósito. O Reshma Saujani, fundadora de *Girls Who Code*, quien está empoderando a millones de niñas para conquistar el mundo de la programación y cerrar la brecha de género en tecnología. Marie Forleo, con su plataforma educativa *online*, ha guiado a miles de emprendedoras a construir negocios con alma.

También están mujeres como Brené Brown, quien ha revolucionado la conversación sobre vulnerabilidad y

---

46. Grant Thornton International. (2024). *Women in Business 2024: Pathways to parity.* Grant Thornton Global. Recuperado el 11 de noviembre de 2025 de https://www.grantthornton.global.

liderazgo emocional en el trabajo. Najahi Events, en Medio Oriente, donde su fundadora Mina Al-Oraibi ha creado una plataforma de educación financiera y liderazgo para mujeres en culturas donde eso parecía imposible. Y cada una de las historias inspiradoras que te he incluido en este libro. Están cambiando el juego. No piden permiso. Abren puertas para otras. Este es el nuevo liderazgo: audaz, colaborativo, emocionalmente inteligente y socialmente responsable. No solo buscan éxito; buscan impacto. No solo crean negocios; crean legados.

Y ahora te toca a ti. Este capítulo no es un cierre, es un comienzo. Es el momento de preguntarte: ¿qué idea llevas años posponiendo? ¿Qué proyecto no has lanzado por miedo o falta de permiso? ¿Qué talento te guardas porque crees que aún no estás lista? Porque sí lo estás. Estás más que lista. Y este libro ha sido tu recordatorio. El mundo necesita más mujeres creando, liderando, construyendo, compartiendo y sanando. Y si tú decides lanzar tu idea, tu marca o tu mensaje con propósito, con estrategia y con valentía, entonces sí...

El futuro también será tuyo, porque el futuro sigue siendo mujer.

ELLA TAMBIÉN CONSTRUYE EL FUTURO, TÚ CONSTRUYES EL FUTURO

Este no es solo un libro sobre ventas. Es un llamado. Un llamado a la mujer que lee estas páginas con el corazón encendido, sabiendo que dentro de ella hay algo más grande que aún no ha mostrado al mundo. No estás aquí solo para consumir… estás aquí para construir. Para crear marcas, productos, comunidades y legados que impacten vidas. Para vivir con propósito.

Vivimos en la mejor era de la historia para ser mujer, emprendedora, madre, líder, creadora. Nunca antes habíamos tenido tantas herramientas, acceso, libertad y oportunidades para lanzar nuestros sueños al mundo. Y sí, también tenemos más responsabilidades… pero esas no son excusas. Son combustible. Son la razón por la que debes lanzarte, no la razón para detenerte.

> No estás aquí solo para consumir… estás aquí para construir. Para crear marcas, productos, comunidades y legados que impacten vidas.

Tus roles como madre, hija, esposa, amiga, jefa, líder o soñadora, no son cadenas: son alas. Porque cuando tú creces, inspiras a otras a crecer. Cuando tú te lanzas, abres camino para que otras también lo hagan. El mundo no necesita perfección, necesita acción. Y ese talento que cargas no fue puesto en ti por casualidad. Es un regalo. Y los regalos se comparten.

Atrévete a usar todo lo que Dios te ha dado. A vivir con intención. A demostrarle que estás agradecida… no solo con palabras, sino con resultados, con valentía, con compromiso. El mundo necesita ver a una mujer como tú brillar sin pedir permiso. Y tú necesitas ver lo que pasa cuando te atreves a soñar, ejecutar y colaborar.

No estás sola. Apoya a otras. Rodéate de mujeres que también creen, crean y crecen. Levántalas. Celebra sus victorias. Aprende con humildad. Enseña con generosidad. Porque cuando una mujer gana, ganamos todas. Y si algo quiero que recuerdes al cerrar este libro es esto: afuera hay un mundo esperando por tu talento. No lo guardes. No lo minimices. No lo subestimes. Entrégalo, hónralo, y úsalo para dejar huella. Porque el futuro sigue siendo mujer... y ese futuro empieza contigo.

Llegaste al final de este libro... pero el verdadero comienzo es ahora. Porque lo que acabas de leer no fue solo una guía sobre ventas, estrategia o *e-commerce*. Fue una invitación a mirar con nuevos ojos a la mujer que compra, que construye, que lidera... y a la mujer que escribe este capítulo contigo: tú.

Si has llegado hasta aquí, es porque dentro de ti hay una convicción que no se apaga. Una certeza de que naciste para algo más grande. Una pasión que no puedes callar. Un talento que no puedes esconder. Y un mensaje que no puedes seguir postergando.

Hoy más que nunca, el mundo necesita marcas genuinas. Negocios que escuchen, que sirvan, que eleven. Y tú tienes todo lo necesario para crear uno. Porque conoces a ella. Porque quizá eres ella. Sabes lo que duele, lo que inspira, lo que emociona. Y por eso puedes construir algo que conecte, transforme y deje huella. Así que sal de estas páginas con fe, con planes y con acción.

Hazlo con propósito. Hazlo con amor. Hazlo por ti... y por las que vienen detrás. Este libro fue la semilla. Ahora es tu turno de regarla. Y recuerda siempre: Tú no solo vendes productos. Tú entregas posibilidades. Tú no solo creas una tienda. Tú estás edificando legado.

El futuro del comercio es digital. Pero el corazón de ese futuro seguirá diciendo...

ELLA COMPRA.

No te vayas sin hacer esta oración:

YO CREO PORQUE ÉL ME ENVIÓ

Creo que fui creada a imagen de un Dios creativo.
Creo que mis talentos no son casualidad,
son regalos del cielo.
Creo que el mundo necesita lo que Dios
puso dentro de mí.
Y creo que mi negocio es una extensión de mi propósito eterno.

No estoy aquí solo para sobrevivir.
Estoy aquí para brillar con la luz de Cristo,
para servir con amor,
y para construir algo que honre al Reino.

Creo que cada paso que doy en fe, abre puertas.
Creo que mi obediencia mueve el favor de Dios.
Y creo que cuando sirvo a ELLA con excelencia,
estoy sirviendo también a Él.

Porque no fui llamada a esconderme,
fui llamada a multiplicar lo que se me entregó.
Este es mi tiempo. Este es mi llamado.
Y este es solo el comienzo.

CARTA ABIERTA A LA MUJER QUE MUEVE EL MUNDO

A ti, mujer valiente, creativa y determinada.
A ti, que alguna vez pensaste que no eras
suficiente, que no sabías lo suficiente, o que
ya era muy tarde para comenzar.
A ti, que llevas en el corazón el deseo de
construir algo propio, algo tuyo, algo que
deje huella.

Este libro no fue escrito solo para enseñarte
a vender. Fue escrito para recordarte que tú
eres el corazón del comercio moderno. Que
detrás de cada carrito abandonado, de cada
compra impulsiva, de cada recomendación
en un chat, estás tú: una mujer que sueña,
que decide, que transforma.

Las marcas que escuchan a la mujer, crecen.
Los negocios que la entienden, prosperan.
Y el mundo que le da espacio, evoluciona.

Por años nos dijeron que habláramos bajito.
Que no nos quejáramos tanto. Que nos
conformáramos.
Hoy, las estadísticas, los mercados y las
historias dicen otra cosa: cuando una mujer
habla, las ventas suben. Cuando una mujer
emprende, la economía florece. Cuando
una mujer confía en sí misma, el mundo se
alinea.

Gracias por leerme.
Gracias por cuestionarte, por anotar, por
volver a empezar.
Gracias por ser parte de esta revolución
silenciosa pero poderosa que está
cambiando la forma en que vendemos... y
también la forma en que vivimos.

Este no es el final. Es el principio de lo que
tú vas a crear.
Trabájalo con intención.
Hazlo sabiendo que el mundo necesita lo
que solo tú puedes ofrecer.

Con respeto, admiración y cariño,

Verónica Avilés :)

www.ingramcontent.com/pod-product-compliance
Lightning Source LLC
Chambersburg PA
CBHW060635080726

47818CB00004B/145